全国小学生校园美文精品集萃丛书

我的文字会唱歌

《语文报》编写组 编

时代文艺出版社

图书在版编目（CIP）数据

我的文字会唱歌/《语文报》编写组编. —长春：时代文艺出版社，2018.8（2023.6重印）

（"七色阳光小少年"全国小学生校园美文精品集萃丛书）

ISBN 978-7-5387-5849-8

Ⅰ.①我… Ⅱ.①语… Ⅲ.①作文－小学－选集 Ⅳ.①H194.4

中国版本图书馆CIP数据核字（2018）第110022号

出 品 人　陈　琛

产品总监　郭力家

责任编辑　曾艳纯

装帧设计　孙　利

排版制作　隋淑凤

我的文字会唱歌

《语文报》编写组　编

出版发行/时代文艺出版社

地址/长春市福祉大路5788号　龙腾国际大厦A座15层　邮编/130118

总编办/0431-81629751　发行部/0431-81629758

官方微博/weibo.com/tlapress

印刷/北京一鑫印务有限责任公司

开本/700mm×980mm　1/16　字数/153千字　印张/11

版次/2018年8月第1版　印次/2023年6月第5次印刷　定价/34.80元

编 委 会

主　　编：刘应伦

编　　委：刘应伦　赵　静　李音霞

　　　　　郭　斐　刘瑞霞　王素红

　　　　　金星闪　周　起　华晓隽

　　　　　何发祥　朱晓东　陈　颖

　　　　　段岩霞　刘学强

本册主编：鲁　燕

目　录

001

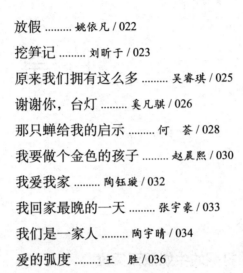

没有角的菱角

笨小孩儿也会受老天喜爱

我的"微"生活

清晨的第一缕阳光

不必为打翻的牛奶瓶而哭泣

在我们的生活中，打翻了牛奶瓶就如同是一次考试的失利，而我总是纠缠其中，明知道结果已经无法改变，可还是沉浸其中，这只会影响我们的正常生活，不如把精力、注意力集中到下一件事情上。

不必为打翻的牛奶瓶而哭泣

王思贤

曾在一次次的考试中迷茫，曾在每个科目的成绩背后失望，上一次考试残留的心情又影响着下一次考试的发挥。

如此反复，就像被困在迷宫中，无论朝着哪一个方向，总是被高墙阻隔，我的心情坠入谷底。怎样才能跳过这堵围墙，我不知道。

日子一天天地过去，时间的车轮并没有因为我的迷惘停滞不前，又一次考试摆在了我的面前，又想到了之前的狼狈，我的心绪又变得烦躁起来，桌上摊开的复习资料我不想再看下去，心烦意乱中随手抽出一本书，在流淌的文字里，我的心渐渐平静下来——因为这样一则故事：开学第一课，心理学教授拿着一瓶牛奶走进了教室，众学子感到不解，这样严肃的一节课与一瓶牛奶有什么关系呢？教授发现了大家脸上的困惑，微微一笑，挥手打翻了牛奶瓶，"啪"的一声，玻璃瓶碎了一地，教授问道："你们看见了什么？""牛奶瓶被打翻了。"学生们齐声回答。教授脸上的表情变得严肃起来，说："正如你们所看到的，牛奶已经被打翻了，无论我们如何努力，它都无法恢复原样了，此时，我们与其叹息不已，不如从这件事中摆脱出来，把注意力投入到下一件事当中……"

我一遍又一遍地品味着老教授的话，恍然大悟。在我们的生活中，打翻了牛奶瓶就如同是一次考试的失利，而我总是纠缠其中，明知道结果已经无法改变，可还是沉浸其中，这只会影响我们的正常生活，不如把精力、注意力集中到下一件事情上。

在之后的考试中，我不再惦记着上一场考试的结果，而是立刻投身于下一场考试。

当然，从中获得的启发不仅用于考试，还用于其他方面。就像我拉二胡的时候，长达五页的曲谱，一不留神就会出错，之前的我会方寸大乱，曲子也弹不完整。可现在，我明白即使一个音出现了错误，整首曲子的完整也不会遭到破坏，继续弹下去，才会让我达到最终的目标。

在生活中，也是如此，不必为打翻的牛奶瓶而哭泣。当我们遭遇失败时，懊恼于自己的大意，却无法弥补任何过错，只会使我们徒增忧愁。

诗人泰戈尔说过："当错过太阳时你在哭泣，那么你也会错过月亮、星星。"每个人的人生都不可能是完美的，如果我们终日纠结于失败的失落，那生活将灰暗无光，把目光投向未来吧，阳光依然灿烂。

003

与时间赛跑

戴小雪

时间是一个未知数，因为我们不知道下一秒会发生什么；时间也很神奇，它往往带给我们无限可能。

——题记

与时间赛跑，确是一件极考验人毅力的事。

这件事还要从车站等车说起——

那天早晨，背着书包的我站在车站，一边翘首企盼着公交车的到来，一边看着手表数着距离上课还有多长时间。分针不停地转着，可是公交车却怎么也不见踪影，眼看只剩十分钟了，在车站等车的其他人都陆续招下出租车，车站只剩下我一个人，我何尝不想打车去学校呢？可是因没有带足够的钱而彻底打消了这个念头。假如我继续等十分钟，而车却仍没有来，我不就会迟到吗？如果迟到，班级就会被扣一分，老班不在家，我更要好好表现，不能因我的迟到而被扣分。现在只有唯一的办法——跑去学校，这相当于与时间赛跑，没准儿时间就会胜利，我将迟到。尽管有风险，我还是愿意试一试，因为我相信我的奔跑速度。

004

想做就做，我戴上帽子，背紧书包，朝着学校进发！可是，真正跑起来却不是那么轻松，因为逆风而行，所以所耗用的能量会比平时多。寒风接触到我的脸上时就如一根根针刺进我的皮肤，而那些伤口又会因低温而冻结住。我一边看着手表，一边跑，还时刻注意着来往的车辆，我就像一阵风，路上的行人还来不及看我便走远。可就算是风，也会有累的时候。衣服与书包的重量，加上已经跑了很长时间，让我在离学校最近的十字路口处放慢了脚步，手表所指的数字提醒着我，离上课只剩五分钟！这是一场与时间的追逐赛，而距比赛结束只剩下五分钟，我忽然想起老师曾提过的一位学生：她并没有什么天赋，也不曾刻意地训练过，可是她每天坚持跑着上学，不仅从未迟到过，还训练了速度。每年的校运动会，她总是能将二百米和四百米的冠军奖杯收入囊中。她能如此，我可不能输给她。想到这儿，我顿时浑身充满了力量，又坚持着向学校跑去。仅剩两分钟，我迈着大步，一鼓作气跑到班里，当我拿出书和作业时，铃声响起，我如释重负。

与时间赛跑，我险胜！我十分自豪，因为我战胜了时间，更战胜了自己。这一次的"与时间赛跑"让我明白：坚持可以战胜一切未知的可能。

在人生的长河中，每个人都会经历大大小小、各种各样的比赛，请相信，既然时间都可以战胜，那么，一切皆有可能！

竞　选

刘　畅

班会课上，班主任主持了班干部竞选活动，同学们自我推荐，然后大家投票选举。听到可以竞选，大家都很兴奋，一个个跃跃欲试。

教室里弥漫着一股竞争的"火药味儿"，看着同学们一个个落落大方毫不怯场，我既激动又有点紧张。我特别喜欢英语，想竞选英语课代表，可又不知道大家支持不支持？轮到第二组了，我没时间想了，赶紧举起了手。站在讲台上，看着一张张熟悉的面孔，我的勇气长了一大截，觉得比以前更自信了！我大胆说出了自己的想法："……我认为我的英语还不错，也希望成为老师和同学之间的桥梁，与大家共同学习，共同进步。"能顺利说出自己的想法，我感到十分欣喜，最后我深深鞠了一躬，在大家的掌声中，我高高兴兴回到了座位。我真的很感谢我的同学们，他们给了我鼓励与自信，令我感动！

不必为打翻的牛奶瓶而哭泣

正当我沉浸在顺利表达了想法的喜悦中，程思薇的表现一下把我拉回了现实。她用一口流利的英语来竞选英语课代表，尽管很多同学听不懂，但是她的表现还是赢得了大家的阵阵掌声。情况不妙，我顿时坐不住了，下定决心给自己拉票。我在词汇的海洋里穿梭，突然想到季老对小孩学外语的观点是早学早纠正读音一辈子也忘不掉，结合之前的讲话，争取让同学们改掉读音不准的坏毛病，很快便有了主意，一直悬着的心也放了下来。待到大家自荐完毕，我向老师请求再给我一次上台补充的机会，老师爽快地答应了。这一次我抓住了同学们的发音来讲，并把自己的职责再次强调一下。

终于到了至关重要的投票时刻，我竖着耳朵，为自己捏了一把汗，最终同学们的手像小树林一般举起了一大片，我感到欣慰，我如愿当上了英语课代表。但这不是侥幸，我一定要更加努力，赢得更多人的认可，与大家共同进步，不负大家的期望。

006

成长路上，有你相伴

李 杨

成长的道路是那么令人向往，却又布满荆棘，困难重重。即使如此，我依然不畏险阻，披荆斩棘，努力向前。究竟是什么力量驱使我不断向前，克服困难？因为在成长的道路上，有你一直陪伴着我……

当我打开《飘》，第一次认识你——郝思嘉，我便深深沉醉其中，久久不能自拔。从此，你的形象便铭刻在我的脑海之中，挥之不去。

夜幕降临，星光粲然。你着一袭祖母绿长裙款款而来，明眸如月，笑靥如花，在舞池里，俨然是飞动的蝴蝶。十六岁的你，是塔拉庄园养尊处优的公主。可是，当南北战争改变了一切。你回到塔拉，面对空无一切的土地，你是那样的坚强，勇敢地面对困难，热情地投入到家园的重建当中。

你并非完美，可一直在成长，这也令我受益匪浅。每当自己遇到困难之时，眼前总有你在那红土地上辛勤耕作的画面。尤其是期末考试临近的那一段时间，自己既要帮助组员整理复习要点，又要一边备战期终考试，一边还得准备参加各种竞赛，忙得不可开交，常常陷入深深的焦虑之中，成天烦躁不安。有一天，我又读了一遍《飘》，重温你的形象。你如同一剂清凉的药方安抚了我那颗烦躁的心。"明天是新的一天，明天一切都会好了"，你的话让我明白了遇到困难，应选择面对，再去战胜。我静下心来开始拟定计划，改变方法：在帮组员复习、讲述重点的同时，自己也默背一遍。就这样，在不声不响之中，自己复习书本的进度也在缓缓前进。不仅如此，在学校，我抓紧一切时间做作业，回家后抱一本奥赛书利用节省下的时间开始做题。用平静的心去面对，科学合理地安排学习时间，我的竞赛与复习互不耽误。日子一天天地过去，日程表上的竞赛一项项被划去，也得到了颇为丰硕的果实。只剩下期末考试了，我忍住了疲惫发起了最后的冲击。看着优秀的考试成绩，自己也颇感欣慰。

在成长的路上，我庆幸遇到了你，你驱使我在前进路上披荆斩棘。有你陪伴，胜似一切！

不必为打翻的牛奶瓶而哭泣

名字的故事

靳茂成

每个人都有自己的名字，每个人的名字都各不相同。我姓靳，名茂成，听妈妈说，在我的名字背后还有一个小故事呢？

在我刚刚出生的时候，爸爸、妈妈就忙活着给我取名了，一连"设计"了好几个，都不满意。就在他们垂头丧气，无计可施之时，无意中把视线转向了电视，当时中央一台正在放映"动物世界"，镜头中一匹高大健壮的蒙古马很悠闲地在一望无垠的草原上吃着草。这个画面给了爸爸很大的灵感，真是"踏破铁鞋无觅处，得来全不费工夫"啊！爸爸想到画面中的马正值青年时期，心中肯定有许多雄心壮志，我也是属马的，毛主席曾说过"有志者事竟成"，就叫"志成"好了。于是爸爸把这个想法告诉了妈妈，妈妈也欣然同意。

靳志成，这就是我第一个名字，陪伴我一直到上幼儿园。六岁那年春节，我们全家到舅舅家拜年。在酒席上，当酒兴正酣时，爸爸就把给我取名的神奇故事向舅舅娓娓道来，本认为他会非常喜悦，可没想到舅舅却不以为然的说："'志成'，这个词是不错，但'靳志成'读起来有点拗口。这几年我一直在想给我外甥重取一个好名字，侄儿属马，马当然需要吃草料，你刚才说一望无垠的草原，那说明草长得好，很茂盛……啊！有了！'茂成'，就叫'靳茂成'怎么样"？舅舅很兴奋地说："'靳茂成'不仅读起来朗朗上口，而且还有一层寓意，就是让我侄儿在这新时代里健康、茂盛的成长。"起初爸爸还是不信，但舅舅一直说他取的这个名字好，并且还问了好几个老先生，都说"茂成"比"志成"好。爸爸拗不过舅舅，在舅舅一再坚持下，在上小学前，把我名字改成了"靳茂成"。

　　你看，我的名字经过这么多波折，这就是我名字的故事。其实，名字只是一个人的代号而已，但通过名字的故事，让我深深地体会到：在这看似不起眼的取名过程中，包含了父母、长辈对我的期望和那浓浓的爱！

我的名字叫"航天"

汤航天

　　我的名字叫"汤航天"，关于这个名字的由来还有一个独特的故事。

　　让我们把记忆拉回到十二年前，也就是2005年10月12日。一个挺着大肚子的年轻女子正与她的丈夫靠在沙发上目不转睛地盯着电视屏幕，空气好似凝固起来，"10、9、8、7……发射！"只见，电视里"神舟六号"载人飞船在酒泉卫星发射中心缓缓上升。顿时，大漠震颤、烈焰升腾，一道如同流星般璀璨的光影划破长空，进入遥不可测的外太空……电视前这对年轻夫妻激动地鼓起掌来，嘴里大叫着："祖国万岁！中国的航天事业万岁！"只听一声"唉哟！"原来是孕妇肚子里的小宝贝不安分地踢了妈妈一脚，"看呐，我们的孩子正在为中国喝彩呢！"

再让我们把时间倒流回2005年10月24日这天，一位年轻神情焦急的男子正在医院产房外来回踱着方步。终于，产房的门打开了，走出一位女护士，她怀抱一个小婴儿。男子急忙迎上去，伸手接过护士手中的小生命。这时孩子的七大姑八大姨也都围了过来，大家抢着要抱抱这可爱的孩子。这时，孩子的妈妈笑眯眯地说："趁大家都在，想想给孩子取个合适的名字吧！"顿时，大家七嘴八舌。什么"汤包""汤圆""汤汤水水"等等，令人啼笑皆非，谁叫孩子的爸爸姓"汤"呢。一旁的爸爸沉思良久道："前几天刚好'神六'升天，不如就叫'汤航天'吧！"大家齐声说道："真是个好名字！"话音刚落，只见那孩子扯着嗓子哇哇大哭起来，仿佛在说："我终于有自己的名字啦！"

这个叫汤航天的小孩就是我。"汤"是随父姓，取名"航天"一是希望我长大后刻苦学习，为祖国的航天事业做出自己的一点贡献；二是希望我能像中国宇航员一样锲而不舍、勇于探索。

"汤航天"这个名字已经陪伴我整整十二年了，我爱我的名字，因为我名字的每个字很好辨认，不会读错；还因为这个名字的背后饱含着父母对我殷切的期望和深深的爱。

希　冀

寿　帆

　　我叫翁寿帆，说真的，小时候的我不喜欢自己的名字，不但读起来拗口，不像其他孩子的名字那样落落大方，而且很普通。那时的我不理解爸爸妈妈为什么要给我取这样的名字。

　　渐渐长大的我，有一次十分认真地问妈妈我名字的由来。妈妈说，其实一开始她给我取了一个好听的名字：翁云帆。因为妈妈年轻时是个文艺女青年，喜欢看琼瑶的小说，喜欢小说中的那些知识渊博、温文尔雅的男主角，她希望我能做个谦谦君子。可是，这个名字在爷爷那里没有通过。爷爷说，翁姓是个大家族，孩子取名都要按照祖先定下的族谱顺序来，按照族谱，到我这一辈是"寿"字辈，就这样，出于尊重传统，我的名字就由翁云帆变成了翁寿帆了。

　　其实，"帆"也寄托着家人对我的期望，希望我的人生道路能一帆风顺。可是命运似乎与我开了个玩笑，我的成长路上并不一帆风顺。因为生病丧失部分听力，四岁时开刀做手术，最终却不得不接受失聪的事实，佩戴上了助听器……生活中、学习上的磕磕绊绊，让我经历了许多磨难，然而，正是这些磨难让我比别人多了一份经历，让我学会了坚强、乐观。现在的我，和普通的孩子一样读书，游戏，交朋友。未来的人生道路也不一定会如家人期许的那样一帆风顺，那又如何？只要你学会向生活微笑，生活就会送给你一个微笑着的世界。

现在，我已经喜欢上了这个名字——翁寿帆。面对逆风，我会奋力扬帆！

名字的来历

张荣琦

"张"姓在中国也算是一个大姓了吧，如果我记得不错，总人数是排在第三。没错，我就是一个姓"张"的男孩。

本人姓张名荣琦，因既不是前人，也不是文人，自然也就无字无号了。据说，我是"荣"字辈，那说明"琦"才是我真正的名字。"琦"在字典中的解释是：美玉。哦，原来爸妈是想让我像美玉一样无瑕呀！但定下这个字，还颇费了一番周折呢。

奶奶说，在取名字时，本想给我取"琪"字的，在字典中，"琪"也有玉的意思。后来，我爸爸觉得名字中取"琪"字的人太多，而且太过女性化，不是很满意。这时，爷爷站出来说，字可以换，音和意思不能变！我爸爸觉得要求太苛刻，便将取名的事放在了一边。

那一天，我就要出生了，产房外，爷爷不停地催促我爸："查一查，孩子的名字就要定了！"我爸也急了，赶紧查。这一查，就查出了这即将陪伴我一生的名号：张荣琦。在我出生前五分钟，一家人终于定下了这个名字，取名的事也终于告一段落！原来，给人取一个名字竟这么不容易，取一个好名字就更难了！

现在想想，我的名字还真是独树一帜啊，目前竟无人与我重名！像我爸叫张强，我阿姑叫张红，重名的就太多了。

我爱自己的名字，爱的是它的独树一帜，虽然它定得如此匆忙，但我却依然感受到家人对我的深深的爱！

异想天开的童年

顾美彤

童年的我，由于"工作"任务较轻，所以有足够的时间与精力去胡思乱想，生活在属于我的"梦幻世界"，并在"梦幻世界"中快乐的遨游。

那时，看着看着在天空中自由飞翔的鸟儿，轻盈地扇动着它们那对美丽的翅膀，我竟幻想着自己有一对轻盈而美丽的翅膀。想着想着，我发现我真的有了翅膀，于是便兴奋地挥舞着它们，在天空中遨游，在海洋上空俯瞰那一望无际的海面，海鸥们陪伴在我的身边，我同它们一起歌唱，一起舞蹈，一起发出清脆的笑声……我接着又飞向了热带雨林，飞向了沙漠，飞向了大草原，与那儿的动物们在一起尽情地玩耍、嬉戏。但正当我在愉快的"玩耍"时，被一阵急切的呼喊声叫回了现实，只见爸爸妈妈一脸焦急地望着我。原来，我刚刚坐在沙发上，一直在发呆，两眼直勾勾地望着一个地方。事后，我将我那快乐的经历告诉了妈妈，妈妈笑我傻。可随后，我又开始期望，希望自己能够再回到我的"梦幻世界"，接着玩我没有玩结束的游戏。

　　不久之后，看了武侠动画片《红猫蓝兔七侠传》的我，被上面的主人公那飞檐走壁的能力所深深吸引了，那叱咤风云驰骋沙场的样子该有多威风！于是，我又想着我是一位有着超能力的侠女，武功盖世，无人能敌。因此，我便开始在家中发起功练习起来——为了练习飞檐走壁，我左脚先跨上椅子，右角再跳上桌子，结果一不小心，扭伤了脚；为了练习铁头功，我头顶四本百科全书，摇摇晃晃地站在床上，结果十分钟下来，头顶得又疼又晕；为了练习金鸡独立，我双手抱着左腿，留下右腿带着整个身子在地上摇摇晃晃，结果又一个不小心，摔了一个四脚朝天……从此，我的武侠梦就此破裂了，不过，我又开始幻想起自己有别的超能力了。

　　随着年龄的增长，我异想天开的次数越来越少。但是，那段异想天开的童年，却令我难以忘怀。

014

桑树下的童年

张　羽

　　小时候，家门口的桑树林便是我个人的小天地，说是树林，也算不上，因为加起来也不过五棵。

　　春天，在它长出绿叶之时，我就和小伙伴在树下玩耍，累了，就往树上靠，那春风吹着吹着，我就在树下睡着了，一睡睡到了中午，爷爷找不到我时，总会来到树下，把熟睡的我抱回家。

初夏，我就扳着指头数呀数，倚着门框盼呀盼，恨不得日子一下子过去。终于，数得桑叶落了，盼得桑椹冒出了头。粉红、嫩绿的桑椹，一颗颗、一串串，挨挨挤挤地挂满了一树，好似调皮的娃娃。它们有的将身子藏在叶底下，不小心露出了半边脸；有的则躲在绿叶之间不肯出来；还有的则骄傲地挺着大肚子，形态各异，可爱极了。树叶拂过的沙沙声，是它们的窃窃私语。

这时，我总是嘴馋地爬上桑树，专挑那些快熟透了的吃，有时会把我酸得龇牙咧嘴，把嘴里的吐掉，一个劲地嚷道："酸死了！"但嚷了一阵子，又吃了起来，不吃到牙快酸掉，我是决不肯罢休的。

随着时间一天天过去，桑椹的颜色变了，味也甜了，到了盛夏时节，一个个红艳艳、紫颤颤地挂在枝头，惹得我心里痒痒的，我又不听爷爷的劝告，三下两下爬到了树梢，坐在枝丫上，专挑又大又红又饱满的吃，吃了一颗又一颗，可枝头却还挂着那么多，我不禁又垂涎三尺，忍不住再爬上枝头吃了起来，直到肚子发胀才罢休。

来到林边的池塘，看到的是一个咧着嘴笑的"大花猫"，脸上，手上，衣服上无一不被那甜滋滋的桑椹汁染成了紫色，我又捧腹大笑。在林中自娱自乐，玩够了，闹够了，到池边掬起一汪清水洗了一把脸，我又成那个活泼可爱的小姑娘了。累了，我就爬到树上躺下来，看着那天，好蓝哟！看着那云，好白哟！在这片绿色的天地里，承载着我多少梦想啊！如今我早已不是当年自由的孩子了，我正走在追梦的路上。

虽然，我已告别孩童时代，但记忆中那片绿色的小桑林仍浮现在眼前，还有那桑椹的香甜哟……

哦，我那永远难忘的童年和那片桑林！

记忆里的"百草园"

王思贤

在鲁迅先生的童年里，百草园是他的乐园。在我的童年里，也曾有过那样的天堂。

那时我家住在学校旁边，楼下有一个大花坛，虽说是花坛，其中却只有一些低矮的灌木丛，可那时，却是我的快乐天堂。

不必说辛勤忙碌的蚂蚁，放声高歌的蟋蟀，一碰就团成球的西瓜虫；也不必说清晨晶莹的露珠在叶间闪烁，害羞的花骨朵在绿叶中"犹抱琵琶半遮面"，湿润的土壤散发着阵阵清香。单是那石缝中就有无限的趣味，蚯蚓在这里来回摇摆，无名的小飞虫吵吵闹闹地开了个舞会。一场大雨过后，有时会遇见小螺蛳，还有它的蜗牛兄弟，倘若用树枝轻轻一碰，它便会立刻缩回壳去，好长一会儿不肯露面，此时，它也失去了吸力，从竖着的墙面上掉下来。稍大的，则被我捡回去养着，自然也养不了几天；至于小个子的，也不用担心，不一会儿，它们能自己爬上去，长长短短的杂草缠绕着。有人说蜗牛爱吃树叶，我于是常常拔出大大小小，各种各样，千奇百怪的叶子带回去，可没多少是蜗牛爱吃的。

天一晴，这些喜阴的动物自然也不再出来与我做伴。却也有其他的乐趣。小时候，我是常骑自行车的，技术也很娴熟。与那些男孩围着花坛骑车，你追我赶，好不快活！虽也吃过苦头，顶多擦破点皮，也不打紧。可裤子上却留下个洞，回家后免不了一顿臭骂。毕竟是小孩子，左耳进右耳出，也不往心里去，之后还是没心没肺地玩出一身臭汗。有时，也带着我的仓鼠出来散步，也换来不少回头率，却最怕牵狗的人，仿佛会吃了这仓鼠似的。

最喜爱的还是下雪后，来不及穿戴好，就冲出家门，直奔那雪堆去了，冷不丁中弹，却也无所谓，嬉笑着反击，矮矮的石墙，倒是很好的掩护。玩累了，整个人趴在雪地中，可算是留下了痕迹吧！

人生美好，最忆是童年……"百草园"是童年海滩中一颗最亮的珍珠。童年美，最念在此处……

戏台下的童年

李欣羽

婉转悠扬的戏曲仿佛又在耳边回荡，台上的小旦挥舞着宽袍水袖，月光笼罩着戏台，照在地面上，粼光闪闪，像一条潺潺的小溪，踩在"小溪"上，看台上的小旦一颦一笑都雅到了极致。

家乡的迷信是令我不能理解的，老一辈的人的思想跟不上现在时代的发展的脚步，依旧会通过祭土地神的说法来请戏班子来唱戏，那时的我听见要唱戏了，会立即兴奋得跑出家门，转告小伙伴，并约定好时间去玩。

虽然不懂台上的人唱的是什么，讲述的是什么故事，但是只要锣鼓一响，我就会立刻拿着椅子，赶忙跑去占位置，一边跑，一边催着做家务的外婆快一点。有时外婆一时间内家务没干完，还在忙活，我会急得直跺脚，嘴里不停地念叨"这回赶不上占好位置了"，吵得外婆只好放下手中的家务，陪我去看戏。

但是小孩子，是调皮的，哪肯待在戏台下安安静静地坐几个小时看戏？所以，一般看戏不过半个小时，我便坐不住了，看见熟悉的小伙伴，招招手打招呼，跟看戏看得入迷的外婆交代一声，一下子就溜得没影了。

那时看戏，所在乎的不是戏演得精不精彩，而是演戏的人。我最喜欢拉着小朋友，去后台偷看演员，当戏台上光鲜靓丽的东西面对面地呈现在眼前，当戏台上古朴优雅的演员就站在离你不远的地方，当戏台上绚丽无比的古装服饰被你尽收眼底时，不知你们会有何感受？但是那一刻，小小的我内心充满欣喜，好奇地看着后台里忙碌的演员们。他们有的在细细描眉，有的半躺在椅上休息，有的正在换着服装。前台的幕布拉开，演戏的人拿着道具，踏着乐点出去，我和小伙伴掀起幕布的一角，近距离地看台上的演员身段娴熟地演着。

018

但是在后台看戏，可不能粗心大意，因为有人会把你赶出去，所以只有偷偷地，仔细地看周围，一发现有人来就要慌忙跑走，出了后台，停下奔跑的脚步，心里也稍稍放松了。庆幸自己没被人给捉到，不然他们会说你捣乱，以后想要再来就麻烦了。

玩累了，跑累了，手中紧捏着外婆给的钱，到戏台下买小玩意儿。一到演戏时，这周围可就热闹了，有卖吃的，卖玩具的等等。小商贩们一边做生意，一边看戏，遇到熟人再谈一会儿这戏演得如何，热闹非凡。我总会在买东西时犹豫一会儿，心中想着是买这个好，还是那个好。这时，小伙伴们就会挤在旁边替我出主意，有的说这个好，有的说那个好，不停地鼓动我买他口中所说的小玩意儿。当然，到了最后，手中的东西总会大家分享。这时，便会觉得格外可口或有趣。

玩久了，也困了，大家恋恋不舍地离开戏台，一同约定明天还来，想着明天所演的戏，在梦里梦到的都是在看戏的场景，梦也是甜的。

时隔多年，许多儿时的东西和事情都记不全了，模糊不清了。唯有这戏曲，旋律依旧，永远不会变。而看戏的经历，像一道绚丽的光，将我的童年照耀得十分灿烂，充满趣味。不能忘的，是那经典的旋律和童真的欢笑。

"辫子"的那些事儿

汪 琳

019

看到这个题目，你可能会发笑，"辫子"有什么有趣的？我要告诉你，我的"辫子"可是与众不同的。

我的妈妈头发又长又多，乌黑亮丽，至今我都没有在她头上发现一根白发。自然而然，我的头发也是又多又厚。从小，亲戚、父母的朋友只要见到我，他们就会握住我的头发，用惊讶的口气说："你女儿的辫子怎么这么粗？"我以前的朋友也和我说过，她想扎两个辫子，结果她妈妈听到后，说："你全部头发还没人家汪琳一半粗呢……"听到这句话后，我心里乐开了花，可谁又知道粗辫子的麻烦呢？

每到洗头，我总是忍不住叹口气，因为我的头发又长又厚，洗起来十分麻烦。洗头发就要弯腰，一弯腰就要四十多分钟，终于洗好后，背都挺不起来了。今年暑假，我终于剪去那长辫子，感觉浑身轻松。当我剪好头发，要吹干时，理发师莫名其妙拿起几个夹子，把我的头发分成两层，令我百思不得其解。在一旁的姐姐问到为什么要分层，理发师一边拿着吹风机吹我的头发，一边笑着说："头发太多了，分层会好吹些"。

辫子的麻烦还不止这些。你可能不会想到，辫子也能"打人"吧。

上学时，被我辫子打过的人可不少。每当回头找同学问东西时，我的辫子就会"啪"的一下打到我同桌的脸，这时他就会用充满埋怨的眼光看着我，为此他也没少跟我提抗议。排队时，后面的人也免不了要遭殃。我总是东张西望，后面的人就会被刷来刷去。如果后面的人是女生，她就会报复我，用她的辫子也刷我几下，可是她的辫子不是太短就是太少，刷的一点都不痛。不过，我也有几次被自己的辫子刷到，每次被刷，就不再乱摆头了。

这就是我的辫子的那些事儿，你觉得有趣吗？

兔耳马的童年

李 琛

兔耳马，很多人都会不解，什么是兔耳马？兔耳马，顾名思义，就是长着兔耳朵的马。它一如小时候的我，干什么都冲在前头，毫不顾忌；可又又有弱弱的心。

　　小时候在乡下，奶奶有时候让我看家，我当然不干，怎么都要和奶奶去，也因此干了不少傻事。有一次奶奶带我挖土豆，我当然高兴。跟上奶奶，走到了一块土豆地边。可能是我太兴奋了，一头扎进地里，双手连挖带刨。正挖得开心，奶奶忽然叫了一声："小李琛，你挖错了地呦！"抬头一看，没有看到奶奶生气的样子，只看到奶奶和一个瘦瘦的人笑得直不起身来，奶奶边笑边指着我说："我家孙子真能干，挖完了我家的挖你家的，你不用挖了，让我孙子代你挖!"当时我恨不得变成地龙钻到土里去。这是我马性的一面，什么都冲在前头，莽打莽撞。

　　可是，我也有善良的一面。我小时候十分喜欢小鸡（现在也是），一看到黄黄的小鸡，我就不由自主地去逗它们玩，喂碎米粒给它们吃有时还抱着小鸡，轻轻地抚摸着它们。时间久了，小鸡都很喜欢我，只要我一走进院子，不一会儿，一群小鸡就挤在我旁边，老母鸡见了十分嫉妒，对我是又抓又啄又瞪，我常哭着跑向奶奶，后面还跟着那只老母鸡……可是转眼又会忘记，还是和小鸡玩得不亦乐乎。小鸡长大了，奶奶要做炒子鸡给我吃，我急得又哭又闹，最终小鸡逃过了一劫。这是我兔子的一面，又善良又可爱。

　　高大的马儿，一心向前冲，可又有弱的一面，于是长了一对兔子耳朵。这就是兔耳马，也是童年的我。现在回想起来既感觉那么遥远，又感觉近在咫尺。

　　童年的我，可爱，善良。童年的生活快乐，美好。现在的我已长大成了一个少年，但我希望能永远保有一颗童心，在心灵深处，一直有一个兔耳马的童年。

不必为打翻的牛奶瓶而哭泣

放　假

姚依凡

人们总说放假是件愉快的事，离开了老师的视线，离开了考试的折磨，终于可以自由自在地玩一下，可我却不这么认为。

随着假期的到来，我的"末日"也来临了。一放假，妈妈就和我说："马上就放假了，你一定要多上一些补习班，要领先别人一步，笨鸟先飞，知道吗？"于是，我的"黑暗生活"从此开始。

这个夏天特别热，早上六点多，阳光已经很刺眼，我也不得不背上包开始辗转于各个补习班之间。放假期间的课排得很满，每天都有各种各样的补习，有时甚至会一连上三个小时，坐在位置上动都不动，还要记很多笔记，一节课下来手都酸死了；平时上课一节课才四十分钟啊！上完课，老师也要布置不少作业，我也不能休息，还要把这些作业写好，再复习一遍，以便更好地吸收知识。有时候，整整一天都在上补习班，上完这家去那家，上完那家又去另一家；有时两个课程之间只隔半个小时，但两个班却隔着几条街，于是我不得不把两个班的书揣着，一下课我就狂奔去另一个班，天气十分炎热，有时甚至是39度的高温，所以每当我到那儿，早已是大汗淋漓，可看着别的同学已奋笔疾书，我丝毫不敢懈怠。

有的人会说放假了，你出去玩一下不就行了吗？我当然也想过，可是奶奶在放假前摔了一跤，医生说奶奶必须卧床一个月，爸爸妈妈要照顾奶奶，不能带我出去了。再看看我身边的朋友，有的去了欧洲，有的去了泰国，还有的去了巴厘岛，而我只能在妈妈的朋友圈中"游览"祖国的大江南北，那些朋友回来之后都兴高采烈地和我分享旅游中的趣事，我也只剩下羡慕嫉妒恨的份了。

这些还都算小事，但还有做不完的暑假作业，再加上平时的补习，留给我写作业的时间所剩无几，关键是老师还要来家访。有时我也有点泄气：与其这样，我还不如不放假，好好上我的学呢？虽然时间排得很满，但妈妈也是希望我能在开学时取得好成绩，我也能理解妈妈的想法，时间一天天地过去，我也渐渐适应了这样的假期生活，学习能力也渐渐提升了。

转眼暑假已接近尾声了，看着一本本已经完成的作业，我终于体会到一种成就感，也体会到学习的快乐。这样的假期生活也别有一番滋味，不是吗？

023

挖 笋 记

刘昕于

前几天的天空一直阴沉着脸，飘着雨丝，今天太阳总算从厚厚的云层中穿出来了。雨后春笋长得快，这对采笋来说，可谓是千载难逢的好机会。于是妈妈与人相约，带着我一探笋的真面目。

郊外停车后，我们沿着狭窄而又泥泞的小路走到了竹林。竹林里的竹子彼此交织着，一株株竹子，苍翠挺直，绿意盎然。但我们却顾不得欣赏这如画的竹景，立刻就把目光转到地面上。只见大地被前几场春雨淋个透湿，竹林中，泥土粘着竹叶，竹叶上残留着晶莹的露水，在温暖的阳光照耀下，春笋迫不及待地要摆脱泥土的束缚，一个个憨憨的小笋探头探脑露出地面，向四周张望着，可爱极了。

我是第一次挖竹笋，原不知如何去做，本以为手掰即可。却被人告知需用工具，于是拿过借来的小铲，想当然地铲了半天泥土，却未得一个竹笋。尔后被人告知窍门，便开始了尝试。我先用手抓住笋尖，轻轻揉去笋衣，趁着竹笋晃动之际，迅速把铲子铲到笋根外，即得之。如有一笋恰连根拔起，那就高兴极了，这其中的滋味妙不可言。

嫩嫩的小笋透出尖，褪去一层层的灰色笋衣，倒真如古人描写的"未出土时先有节，到凌云处尚虚心"。白白的，一节又一节地呈现在面前，露出它的庐山真面目，忍不住想起先人对它的赞美"凌霜竹箭傲雪梅，直与天地争春回"！

看着一只只刚挖的竹笋——我辛勤劳动所得的战利品，我的干劲就更足了。我猫着腰，埋着头，不停地挖。林间的竹叶沾着露水，不经意地拂到手上，弄得满手泥水也不甚在意，心里只是又得一笋的欢喜。直到快中午时，大家方才停手。每人都满载而归，袋中，白嫩的笋冒出尖……

朋友，当你品尝这美味竹笋的时候，别忘了这笋从山林中来到你的餐桌前，还有这样一段不寻常的经历呢！

原来我们拥有这么多

吴睿琪

雄鹰拥有广阔天空，可以使其自由飞翔；鱼儿拥有无垠海洋，可以使其无忧翱翔，那么我们呢？我们拥有什么呢？

——题记

长大后，渐渐知道，自己的存在感不太强，回头率几乎为零。和同学站在一起，就像丑小鸭站在了白天鹅旁。不仅如此，不管比哪方面，我总比不过别人。那时的我小小的心里总是充满着自卑。

还记得那时候喜欢读《红楼梦》，总觉得书中的黛玉的命运和自己很像，那时挂在嘴边的诗，也是曹雪芹的那首《葬花吟》，"花谢花飞花满天，香消玉殒有谁怜？"于是，我在自叹上天不公、造化弄人的路上越走越远。

一天，偶然读到一篇小文《风可以穿过荆棘》，突然被打动。原来，即使再锋利的荆棘林，风也一样可以穿过去而毫无伤痕。那么，平日里的困难，我们还有什么是无法战胜的呢？与其自哀自叹，不如欣赏自己。其实，上天在给你关上一扇门时，会又给你打开一扇窗。不必悲观，自己未必是最好的，但自己一定是这世上独一无二的花。

这样想着，我心亦明。父母没有给我一副完美的长相，因为他们

025

不必为打翻的牛奶瓶而哭泣

知道内心的纯洁无瑕比长相重要很多；父母没有给我一个天才般的脑子，因为他们知道后天的勤奋比聪明才智重要很多。那么，他们给了我什么呢？他们给了我健康的身体，给了我伶俐的口齿，给了我勇争上游的决心，给了我感受世界的机会……原来我拥有这么多！为什么以前就没发现呢？我站在镜子前，一个嘴角微微上扬的女孩正淡笑看着我。她的双眸坚定而有力，如一团燃烧的火焰，振奋我心！

其实，在生活中你不必想自己失去了什么，你也许和我一样平凡，但不妨多想想，我们拥有些什么呢？当我们能用欣赏的眼光看自己，便会豁然开朗：原来我们拥有这么多！

谢谢你，台灯

奚凡骐

黑夜，凄风，苦雨，一个人孤独地坐在桌子旁。

曾经多少个夜晚，桌子上的台灯不知疲倦地亮着，而少年手中的笔也不知疲倦地舞动着，桌上水杯中的热气渐渐散去，他却一刻也不曾停下……

可惜，少年如此地努力却未能换来一丝一毫的成功。此刻，桌上一份份试卷上的分数是那么的刺眼，无情地将少年的努力打破了。看到这些分数，少年似乎碰到了内心最脆弱的一根弦，竟啜泣了起来，脑海中回忆起考试之前的一幕幕场景：一个人，永远是一个人，手中拿着课本不停地复习着；同学请他出去玩，可他毫不留情地拒绝；爸爸妈妈要带他出去散步，他怕耽误学习。电视，他是不看的；课外书，他也无暇去翻，除非为了考试。每夜都挑灯夜战，可……

　　夜深了，少年停止了回忆，渐渐平静下来，他叹了口气，看看试卷，又将目光移回了资料，他不甘心就这样失败。可他并未注意到台灯的灯光早已不再明亮。

　　又一个夜晚，少年依旧是坐在桌子旁，笔还是不停地舞动着，突然，黑暗包围了少年，台灯坏了，少年无助地坐在那里。渐渐地，他陷入了深思：原来自己就像那盏台灯，如此高负荷的工作，迟早有一天会不堪重负。自己就像一根弦一样，绷得越紧，就越有断裂的可能。少年豁然开朗：学习应该张弛有度。

　　时光飞逝，眨眼之间，考试即将来临。可少年已不再像以前那样持续挑灯夜战。足球场上，有他奔跑的英姿；篮球场上，有他跳跃的身影。新换的台灯依旧明亮，每晚完成作业后，规定只复习一门学科，只需将这一门学科复习好，不再加班加点。

　　期末考试后，少年十分开心，自己新的学习方式终于奏效了。

　　那个少年就是我。我从台灯身上学到了：人不是无敌的，是个人都会感到累，所以，学习要张弛有度。

　　谢谢你，台灯。

那只蝉给我的启示

何 荟

时常徘徊在努力与放弃的选择中，任自己的命运由天决定；时常摇曳在梦想与现实之中，任自己的方向左右不定；时常流连在坦坦大道与林间小径之间，任眼光到处飘游。一次又一次失败，让我陷入无限迷茫与彷徨之中。

于是，我丢失了自我，在人生马拉松跑道上渐渐停下，看着一个个身影离我而去，飞奔向目标。我曾经也追逐过，努力过，可现在我失去了目标，任自己徘徊在原地，作茧自缚。

直至，上天赐予我一个改变命运的时机，我遇到了一位生命中的贵人——蝉。

夏日的下午，大地向上蒸腾着热气，我茫然地在公园游荡，不知道自己的方向。

抬头望着树，忽然看见了一只蝉正在努力地蜕皮，我从未看过蝉蜕皮，便饶有兴致地看了起来。它正在努力地不停地抖动它的翅膀，想通过这种方式来从那壳中蜕出。我笑了，笑它的不自量力，竟然想用那柔弱的身躯和那脆弱的翅膀斗过那坚如磐石的壳，怎么可能？

可就是这个小小的生灵证明了：这，可能！

柔弱的蝉继续努力地挣扎，脆弱的翅膀不停地扇动，用足去踢那壳。但它的努力没有丝毫作用，过了一会，它停止了挣扎，一动不动，刚才还不安分的翅膀渐渐合拢。一切似乎很安静，也许它累了，也许它放弃了。我在心里默默地叹了口气，为它而叹气。我认为它已经不会再努力，便起身离开。我正准备走时，一阵翅膀的震动让我大吃一惊，回首看去，那只蝉已经脱离了蝉蜕，在树上欢乐地鸣叫以宣告它的胜利。我也为之折服，在心底为它祝贺。

读了小思的散文《蝉》之后，我更是深深为之震撼，小小的蝉，在泥土里等待了十七年，却只有一个夏天的生命，但它却将一个夏天唱成了生命的绝句！我又有什么理由退缩呢？

我心为之颤动，这只小小的蝉告诉我："只要有目标，就去努力，哪怕失败也要坚持！"

于是，我的迷茫变成了坚定，我开始向往着远方。

公园里，大地仍蒸腾着热气，仍是一把椅子，一棵树，一只蝉，一个女孩。只是这个女孩，是一个有了方向和目标的女孩，一个正在成长的女孩！

在那以后的日子里，我凭着一股劲投入到学习中，去实现自己的目标与追求。我找回了自我。这种劲是那只蝉在那个夏天给我的。我感谢它，谢谢它让我重新找回了自己。有了目标，不再迷茫；有了坚定，不再摇曳；有了方向，不再流连。

我想对蝉说，谢谢你，蝉。你告诉我要把努力留给人生，把结果留给命运！

我要做个金色的孩子

赵晨熙

看，那在东方冉冉升起的太阳，它放射着灿烂的光芒。我爱太阳，它虽让人觉得遥不可及却又近在眼前，它永不疲倦，每天东升西落，陪伴着我。

早晨，太阳缓缓升起，温度也一点一点地升高，完全升到空中后，每一寸土地都被这暖暖的阳光所照射，而此时的我正站在实验学校的操场上，和同学们一起准备着即将到来的跑操，"哔——"一声哨响后，我们开始了跑操。迎着朝阳，伴着音乐，那整齐有力的步伐踏在跑道上，每个同学的身上都被太阳所发照出的光芒笼罩，脸上的朝气蓬勃以及对未来的希望都被无限放大，两圈过后，同学们都有些气喘吁吁，脸被寒风吹红了，我有点儿想偷懒，但一看到温暖的阳光，就又有了力量。自信的微笑挂在我的嘴角，因为我坚信，太阳光是希望的影子，有它，一切都充满了希望，"太阳，谢谢你"，因为有你，我才可以笑得如此自信，活得充满希望！

下午，从第二节课开始，太阳就慢慢地爬上了我的课桌，调皮的和我玩起了捉迷藏，我往这边躲，它身形一闪，瞬间就找到了我；我往那边躲，它开足马力，径直照到了我的身上，我怎么躲都躲不开，干脆和它坦然相处。老师一字一句地说着，我也一字一句地记着，此

时的阳光也安分下来了，靠在窗子边，照着写字的地方，不再用那刺眼的光照我的眼睛，于是我写下的每个字都变成了令人心动的金色，那么美丽，我也不会开着小差上课，因为有一个金色的孩子在无时无刻地陪伴着我上课，我又怎么忍心让它独自听课，而我在自己的世界里胡思乱想呢？太阳，谢谢你，因为你的陪伴，我可以在内心思绪纷飞的时候有那片刻的认真！

太阳给我带来欢乐，给我带来心底最深处的宁静，同样也在我失意时给我带来安慰和动力！

有时，爱玩的我挨了批评，或是考试成绩退步了，难免会有些失落。这时，太阳就会及时地出现，照在我的身上，暖暖地，好像在跟我说，不要气馁，自己犯下的错误要自己承担，吸取教训，下次再重新出发！我点点头，认真地反思自己的问题；有时，同学之间相处也会发生矛盾，这时的我会迷茫，到底该怎么解决呢？于是，我就站在操场上，抬头望向太阳，太阳闪了一闪，告诉我，同学之间的矛盾无法避免，你可以换位思考，替别人想想，就明白了！我听话地点点头，皱着眉思索良久，确定对同学解释什么，不一会儿，事情就解决了。这时，我会一扫失意的表情，开心地向太阳比了个"耶"的手势，谢谢它教我处理的方法！太阳，谢谢你，是你教会了我如何在气馁时不放弃，仍坚强的向远方走去，是你教会了我如何换位思考！

太阳是一个金色的孩子，所以他调皮，好玩，但仍每天尽职地升起，只为给这黑暗的世界带来一日的光明，让人心中的希望之种萌发，生长，最终找到自己的一片天地！太阳，谢谢你，因为你的陪伴，我的微笑越来越甜，心中的希望也在萌发，我将带着你的那份光芒，做第二个金色的孩子，自信而又美丽的向远方走去！

我爱我家

陶钰璇

　　家，是生命的摇篮；家，是人生的港湾。生命因有家而多姿多彩，人生因有家而绚丽多姿。

　　我家由三位各具特色的人组成。妈妈是我们家的"财政总管"。以前我们和奶奶住在一起，"总管"便是奶奶，而到我们搬到书香名第时，妈妈便级成"总管"。妈妈新官上任三把火，第一把火：打破妈妈总揽洗碗的铁工作；第二把火：打破我定时零花钱的铁工资；第三把火：打破我原本的特权——买零食吃的铁习惯。这三把火都是针对我一个人。可是，一嘴斗不过两嘴，双拳敌不过四拳，同意了妈妈的"无理"要求。妈妈管财政，那可是一等一的棒，爸爸的工资，一半交给妈妈存银行，一般当伙食费或买东西用的钱，她对自己的工资也如此，从此，我们家伙食都正规了，不会一顿饱一顿饥了。

　　妈妈也是"生活总管"与"作业总管"。生活上，她不拘小节；但在作业上，妈妈对我要求很高。记得有一次，我在家里做作业，爸爸妈妈都不在家，我窃喜。哈，看电视了，根据我多年的判断，妈妈回来时，一定会摸摸电视，看看热不热，我就用冰镇毛巾来散热。天哪，我太有才了！一连几天，什么事也没有发生，但妈妈好像从我的作业量上发现了什么……隔了几天，妈妈对我说："唉，家里的电脑一用就热，怎么办呢？"我听了，赶紧将自己的方法传授给妈妈。正当我沉醉在自恋中，忽然看见妈妈的笑，想起了什么，惊得一身冷汗。"姜是老的辣，失算，失算。"

"大厨师"这个称号在我家非老爸莫属，他做出的饭真有嚼劲，做出来的菜可口无比。每一次大作都足以让楼上楼下探出头称赞，每每这时，我们就有口福了。

我爱我家！我爱我的爸爸妈妈！

我回家最晚的一天

张宇豪

那是我回家最晚的一天，我却深深地感受到父母对孩子的爱。

那是很平常的一天，妈妈和爸爸都在家里，却让我自己一个人坐公交车回家。6路公交车来得很晚，但可以直接到家；1路十分钟一次，但要走一段路才可以到家。我顾不得多想，冲进了1路公交车站台；因为1路上有许多我的死党，可以和他们聊天。走到站台，1路车一会儿就来了，我看见了我的死党们，和他们热烈地聊了起来。

时间过得真快啊！不知不觉到站了，我和死党们一起下了车。路过一个小店，门前放了一个拳皇游戏机。死党们一股脑儿冲上去，其中一个喊道："张宇豪，快来啊！""哎！我来了。"我答应道。游戏真精彩，我全然忘却了时间。

不知不觉间，天已经黑了，我挎起书包一路飞奔。刚走到家门口，就听见了父母的争吵声——

"都怪你，儿子到现在还没回来，还不知道怎么了呢！"妈妈叫道。"我也只是想锻炼锻炼他，让他自己独立。他都十二岁了，我们还要接送上、下学吗？"爸爸用他那平和的语气解释道，"他都那么大了，自己遇到危险会处理的，你不要担心……"这时，我敲了敲门，只听见一阵急促的脚步声，门开了。妈妈见到是我，赶紧把我抱住，对我又是摸又是亲的。进了家，爸爸坐在沙发上，面前的烟灰缸已经被烟头塞满，有一根还冒着烟。桌子上的菜早已不再冒热气。我羞愧地低着头，不敢说话。"饿了吧！"妈妈打破了这沉寂。我抬起头看妈妈，她的眼角湿湿的，对我露出了微笑。

妈妈重新把菜热了一遍，一个劲地往我碗里夹菜，我也顾不上多想，埋头苦吃。妈妈脸上露出了微笑，我也笑了。

我的内心虽是无比的自责，但也被幸福填得满满的。

034

我们是一家人

陶宇晴

家，是温馨的港湾。在这个港湾里充满着快乐、温暖和关爱，可是难免会有一些小"战争"爆发——

"啪！"爸爸将筷子一拍，"我吃完了！"说着得意地走向书房，嘴里还哼着小曲，看似慢条斯理的，其实心里比谁都急着去书房玩电脑。我、弟弟和妈妈见状可就按捺不住了，急忙放下手中的碗筷，特别是我，下了餐桌就以百米冲刺的速度奔向书房。爸爸一见我那架势，赶紧抓起手边的鼠标，而我却稳稳当当地坐在电脑椅上；紧接着赶来的是妈妈，她连忙将键盘抱在怀里；弟弟呢，到底是比我们少吃几年饭，他的动作慢多了，进了书房，见没什么可抢，就抱着音箱。我们一家四口就这样僵持着，空气中弥漫着浓浓的"火药味"……

　　过了好一会儿，爸爸才开口道："陶宇晴，陶宇涵，你们赶紧写作业去！"想引诱我们俩离开，没那么容易，我心里想着，说道："我们作业都写好了，正等着您签字呢！"爸爸一见风向不对，立刻转移目标，看向妈妈，妈妈心软，通常都会委屈自己。果然，她放下键盘就走人。爸爸赶紧拿着键盘，一只手还握着个鼠标。现在战场上就只剩下我、弟弟和爸爸了。我向弟弟使了个眼神，让他想个办法把爸爸支走。弟弟立刻会意，抛下音箱蹬蹬蹬地跑出书房。爸爸以为弟弟放弃了，不禁得意起来，就在这时，一阵熟悉的声音在我耳边响起，是爸爸的手机铃声！我立刻明白了弟弟的用意，在那里偷偷地笑。爸爸呢，则是一副手足无措的样子，既不舍得放下怀里的鼠标和键盘，又想去接电话，犹豫了一会儿，终于放下手中的东西。等爸爸发现自己上当急忙赶回来时，我和弟弟早已一起共享电脑了。

　　电影的内容真精彩，看了一会儿，我有点口渴，出去拿水杯，看到爸爸拿着遥控器一个台一个台地调着，找不到自己感兴趣的节目，我有点不好意思了，爸爸爱看球赛，平时忙，难得有时间放松一下，我怎么能这样呢？回到书房，我劝弟弟别再看了，把电脑让给爸爸，弟弟很听我的话，乖乖地将电脑交给爸爸，爸爸再三推辞，可还是拗不过我们。妈妈呢，拿起手机上淘宝，想买的东西也都买到了。我和弟弟呢，在沙发上看起了课外书。"战争"结束了，我们家又恢复了平静，一切都显得温馨而又美好！

　　虽然我们家常常爆发一些小"战争"，但也正是因为这些小"战争"，我们一家才更加其乐融融。

不必为打翻的牛奶瓶而哭泣

爱 的 弧 度

王　胜

　　清晨，一阵咳嗽声把我唤醒，是奶奶的声音，我一听就知道是奶奶的声音。每天早晨，她总是第一个起床，忙着打扫卫生。当我起床时，总看见那个矮小的背影在厨房里忙进忙出，为我们一家准备着暖心的早餐，让我们开心享用。

　　这时，妈妈的上班时间也快到了，可她好像还没有起床，于是我推开房门，却看见整齐的被子摆在床上，当我一回头看到她时，她却在打扫卫生，心想：今天是不是我头晕眼花呀！不对，是真的。接着，她又走进我的房间帮我整理床铺。我坐在餐桌上准备开吃时，一碗热腾腾的排骨汤放在了我和爸爸的面前，这么早，奶奶竟然炖好了汤，那她该起多早啊！汤的温度刚刚好，一碗喝下去，全身都暖了起来。那汤，对于我来说是一种特殊的暖味道。

　　中午回到家，放下书包在那为一道数学难题发愁时，爸爸走了过来，我有些怀疑他的智商，他只是初中毕业，那点知识到现在应该全忘光了。我仔细想了想，也还是没有想出，只好让他来了，他一副十分投入的样子，可做到后来也是没做出，只是对我微微了一笑。之后又想到让我的舅舅为我解题，爸爸刚发出消息，就很快得到了回答，看着舅舅发来的解题过程，我立马懂了。虽然嘴上没说家人多好，可内心是十分感激的，也感到暖意在家里飘散着。

晚上，一家人又围聚在餐桌上，灯光照耀在菜上，菜仿佛重获了新生命，味道也是十分美味，香气飘散在屋子里。吃着碗中的菜，幸福的味道向我涌来，爸爸把菜夹给妈妈，妈妈把菜向奶奶的碗中夹去，奶奶又将菜放到我的碗中，场景十分温馨，空气的寒冷早已被暖意带过，留下的是温暖。

"一家人真好！"我不禁感叹。在我的家里，始终流淌浓浓的暖意，空气里都充满着甜蜜的气味。我爱我的家人！

不必为打翻的牛奶瓶而哭泣

没有角的菱角

　　没有角的菱角，藏在碗里的鸡蛋，半杯牛奶，一瓶草莓酱，这些看似平常的食物，却浸润着浓浓的亲情。这份情感如水般流淌在我们生活中，悄悄滋养温暖着我们的身体和心灵。

我眼中的你

章敏霞

　　父亲这个词，太过厚重，仿佛是心底里积压的一片天，不阴沉，却足以让人的血液有一滞的凝固。我想，我还太小，小到会执拗地一个劲儿叫唤着"爸爸，爸爸。"然后，将你脸上那一抹暗暗隐藏的满足与骄傲尽收眼底，被洗刷过的暖色，沉甸甸的幸福，很独特。

　　"爸爸是这个世上最好的人。"六岁，日记本上一行歪歪扭扭的字，铅色有泛黄的印迹，但回忆却无休止地溢出。你总喜欢拉着我的手，满大街的闲逛，看遍整个世界一般。小时候总是在一个个色彩斑斓的小卖部或是清香四溢的小摊前驻足，然后向你投去最憧憬与渴望的眼神。你总是将手一挥，爽快地帮我实现那些小贪婪。那个时候我仰头看着你圆润的下巴，微翘的嘴角。那样的高度，一辈子都无法遗忘，父爱的高度，怎敢忽略。吃饱喝足之后，你会扔掉手中的烟头，替我轻轻擦拭脸上的油光，大喊一声："冒险去喽！"继而疾奔而去。我眼中的你，是一串甜甜的冰糖葫芦，舔在心底。

　　"爸爸好可爱啊！"十岁，总是会不自觉地浮现脑海的一句话。尚小，或许对可爱理解得不够透彻，可是我至今都坚信：每一位父亲都是天底下最可爱的天使，为儿女折断双翅的天使。那些日子习惯了在日记本上记录一面面的想法与经历，无人时偷偷看着不由发笑，很

040

有孤芳自赏的味道。你应该也发觉了，每一次都悄悄地到房间里，拿着我的无人问津的篇目，一遍又一遍，末了还忍不住感叹，真好！我在门缝凝视你的背影。宽厚，挺拔，阳光下仿佛还泛着淡淡的光晕。心中，忽然就涩了。我眼中的你，是一页幼稚的笔迹，淡淡的，可爱却充斥浓郁的爱与期待。

"父亲，终有一天我会长大。"嘴中默念出这一句话，轻启双唇音调凝重，无数的情绪掺杂发酵般溶聚，飘浮于分子间，添在细胞里最柔软的那个部分。很多事，其实我都知道——每一天都要等我房里的灯熄灭后你才入睡。第一次，我满心埋怨而你却尽力装作坦然，每一个电话里的简短话语掩饰不了最炽热的温度。我眼中的你是一条望不尽走不完的路，深沉却豁达。

忽而，心中发暖。我拿起笔，定定写下：父亲。扬起的最后一划，像是你的笑。

"渔"爸"鱼"爸

俞承晔

老爸爱钓鱼，不但爱，还痴迷。周末48小时有24小时待在塘边，一整个渔民，跟《老人与海》那老头一个样。而且他也爱吃鱼，几天不吃整个人没劲。正好老爸姓俞。我想，我爸不会曾是个水中生物吧！

说到钓鱼，老爸那是一个绝。快比得上冯骥才笔下的大回了。

周六、周日，天蒙蒙亮，五点多，他便起身，和约好的渔友一起去钓鱼。一到塘边，就是老爸的主场了。先看看饵料，老爸亲手调成，有小米、油饼、小麦、玉米、蜂蜜、奶粉……比自己吃的都好——他自己吃盒饭；再看看他的手法，把食一撒，线往竿上打个狗尾扣，蚯蚓一穿，一气呵成；最后他一甩竿，看好漂呀！一会儿，漂动了，心急的一提，鱼便跑了。老爸却岿然不动，看鱼已经吃上了，一提，一条鱼便上钩了。其他人就不解，一样的竿，凭什么你老俞钓到十斤，我只有2斤半？老爸听了总是微笑不语。有一次，老爸和章叔一起钓鱼，章叔钓了半天钓不到，老爸一去，一下钓上来条大青鱼。这算什么，运气？不，是实力！老爸是名副其实的"渔爸"。

再讲吃鱼，老爸也上瘾。看看吧，钓鱼回家，有五点多了，大家都饿了，老爸中午也只吃了一点儿盒饭，肚子也饿得咕咕叫。叫他吃饭，他说："这不行！我得吃鱼。"就算吃饭晚一点儿，也要叫老妈烧鱼。老妈只好烧鱼。老妈熟练地收拾鱼、烧鱼，老爸忙着摆碗筷，并给自己斟上一杯小酒。鱼上桌了，看看老爸，吃一块鱼，喝一口酒，一脸陶醉的表情。先吃鱼肚，一筷子下去，鱼肉夹下来了，鱼刺还完好无损；老爸解决完鱼肚，就直奔鱼背，那是多刺的地方，需要慢慢享用。一顿饭下来，鱼肉被吃得一干二净，剩下的只有刺。若是哪天愁眉苦脸，准是几天没吃鱼。菜场的鱼他是不吃的，一到周末，他便迫不及待地又去钓鱼。老爸是名副其实的"鱼爸"。

爱钓所以吃，爱吃所以钓。这么多年，老爸对鱼的热情一直未减。他既"渔"又"鱼"还姓俞。"yú"爸，你说该叫啥？

问他去吧！

我的父亲母亲

靳茂成

说起我的父亲母亲，两人迥乎不同，性格可谓是走向了两个相反的极端，对我的态度也各不相同。如果说母亲似火，那么父亲就像冰。

母亲，一张俏丽的脸庞，一双炯炯有神的大眼睛，一张能说会道的嘴巴，走在哪里都是风风火火的。这也成就了她的如火一般的性格。记得有一次我考试得了满分，乐滋滋地跑回家，一到家就将这个喜讯告诉了母亲，她欣喜若狂，眼睛都笑得眯成了月牙儿，连眉毛都得意地高挑着，连声夸我，说个不停，我也被她表扬得不禁有些飘飘然起来。她对我的爱还表现在她的语言上，每天，她都不断叮嘱我："学习要认真，上课要听讲，成绩要进前十名。"这样的话每天都在说，她就像复读机一样，唠叨得我耳朵都生老茧了。也正因为如此，我丝毫不敢松懈！她对我的爱更表现在她的行动上，生活中，她对我无微不至，每天做菜都变换花样，保证营养。只要别人说起哪样菜营养好、味道好，她一定要向别人打听做法，直到学会为止。这就是她对我的如火一般热情的爱。

父亲是严父的形象。他身材高大，表情严肃，总是像冰一样。从小我就很怕他，他在家的时候，我觉得空气也会降到零度以下。每当

043

没有角的菱角

我考出好成绩时，开心地向父亲汇报，不必说他冷峻的脸庞，也不必说他那冷酷的眼神，单是他冷哼一声，就令我骄傲的劲儿一下子烟消云散。每到这时，我就更加努力地学习，争取让父亲高兴，将他这座冰山融化。渐渐地，我长大了，为了培养我坚强的毅力，父亲开始每天带着我绕着东湖跑步。在一圈又一圈地奔跑中，我长高了，对父亲也有了更多地了解。我逐渐知道，父亲是不善言辞的人，他冰冷的外表下，掩藏着对我深深的爱。他知道我活泼好动、有点浮躁，所以用他的酷让我学会谦虚。

母亲似火，父亲如冰。父亲、母亲给了我不一样的爱。母亲的热情，让我学会了奋发；父亲的冷峻，使我懂得了谦虚。在他们的冰与火的爱中，我一天天长大，也变得越来越出色。

我爱我的父亲母亲！

044

我的妈妈有点傻

吴睿琪

这个世界很大，各色各样的人很多。不过，仔细观察，不难发现，在自己身边有很多笨笨的，甚至傻得可爱的人物。他们用自己的方式来关心你，来爱你。

是啊，遇见笨笨的你，是我此生最大的福气。

是什么时候发现你笨得可爱呢？那次吧。那次和你说同学家吃到的菜，也不知言语中何时流露的喜爱，连我都未察觉到，你却捕捉到了。过了几天，我放学回家，你便拿出那色香味俱全的菜肴，问："尝尝，是不是这个味？"我坐下来，尝了一口，竟然比记忆中的味道更加让我的舌尖陶醉。回头便与你那期待的目光相对，看着你那被汗沾湿的发丝，大滴大滴从脸旁滴落的汗，我嘴里的菜肴仿佛也无味了，但我还是点点头："很好吃。"你竟然像小孩一样眉飞色舞，欣喜得像得到什么嘉奖一般。我又吃了一筷子，笑而不语，我只是随便说了一句，你怎么这么傻啊。再回头，看到厨房的几个"失败品"放在哪儿，再看着我面前色香味俱全的菜，我无言，只默默擦了擦泪。

沉在记忆长河中的我，微笑着，眼角泛起泪花。突然一件往事又蹿进我的脑海。

那时候，你正在过敏，手不能沾水，否则就会肿。可是，我每天换洗的衣服你依然手洗，每餐的菜都有我爱吃的。爸爸再三叮嘱你不要干活，但你就是不听，你说："我要是不洗菜，烧饭，宝贝吃什么？我要不洗衣服，她穿什么？"爸爸拗不过你。可是，看着你灿烂的笑容和那肿得似馒头般的手，我只想问你："你怎么那么傻啊？"

回忆结束，一滴晶莹的泪从眼中滑落，在空中优雅地转身，无助地滴在纸上，"啪"地破裂。

妈妈，这个世界上，最美好的事不是我拥有多少，而是我用上辈子的执念换得今世一辈子在你面前驻足的机会。我爱你，我傻傻的，为我付出全部的妈妈。

珍惜所拥有的幸福

奚雨莹

"你幸福吗？"这是《少年博览》上的一道测试题。我一看，立刻愣住了，笔停在了半空中。"我幸福吗？"我反复念叨着这四个字。"我幸福吗？"

书上描写的幸福总是一个样子，一个模式。某某是老总的女儿，漂亮聪明，她的父母对她百般疼爱，漂亮的衣服、鞋子多得数不清，要什么有什么。

可是，我不是这样的。我的爸爸不是老总，爸爸妈妈对我也不是百依百顺，我也没有数不清的漂亮衣服、鞋子。

有一次，妈妈带我买衣服，我看中了一条浅蓝色的牛仔裤，裤子上点缀着一朵一朵的小菊花，非常雅致。可是妈妈一看价格，就态度生硬地拒绝了我的要求。

和书中写的比起来，爸爸妈妈对我的爱似乎少了一些。难道我不幸福吗？我有种想哭的感觉。难道，我从没拥有过幸福？

"吱——"门被推开了，妈妈走了进来，她的手里还托着一盘削了皮，已经切好的苹果。望着散发着淡淡香味儿的苹果，我若有所思。突然，像放电影似的，我的脑海里出现了一幕幕画面。

小学的一天，爸爸送我去上学，半路，突然狂风大作，天空变得昏黄。刹那间，天上的雨滴仿佛听到了什么号召似的，一起向地面奔来。爸爸赶忙问别人借了把伞，带着我，朝着教室一路小跑。我抬起头，发现我的头顶上是蓝色的雨伞，而爸爸的头上是昏黄的天空……

那天，我过生日，爸爸妈妈放下自己手边的事，陪我唱生日歌，吹蜡烛，吃蛋糕，往我的脸上抹奶油。和我一起笑着，唱着，快乐着……

想到这里，我笑了。这不就是我所拥有的幸福吗？幸福像一篇文章，不需要过多的华丽的辞藻，朴实无华反而更令人感动。

我咬了一口苹果，在"你幸福吗"的后面重重地画了一个大勾。原来，我一直拥有幸福，只是自己麻木了，没有发现它，没有懂得珍惜。朋友们，珍惜自己所拥有的幸福吧！

"宝马"上的爱

丁嫣然

我家有辆"宝马"，这辆"宝马"也不知道是家里什么时候买的，反正从我记事起它便一直存在，应该也算得上是"历史悠久"了。——注意，我说的这"宝马"可不是什么名牌轿车，而是一辆红黑色的老式自行车，俗称"老爷车"，"宝马"是爸爸给它起的名儿。

"宝马"刚开始是外公的。我读幼儿园的时候，外公常常蹬着"宝马"来接我放学。我当时又瘦又小，加上后座又实在太大，轮子又高，所以我坐在车后必须死死地抓着坐垫才觉得有安全感……总之那时的记忆也不大清楚了，反正当时我很畏惧乘"宝马"。

后来，外公去世了，爸爸"继承"了那辆"宝马"。

日复一日，年复一年，我渐渐地长大了，也不再畏惧乘"宝马"了。这些年里，乘得多了。小学时，我在奶奶家吃过午饭，爸爸便骑着"宝马"乐呵呵地在门口等着接我回家——每天都是这样，刮风也好，下雨也罢，"宝马"没有一次"误班"。

小时候总以为这些理所应当，现在回想起来，还真是苦了我亲爱的爸爸。

冬天，寒风刺骨，爸爸依旧是蹬着"宝马"来回跑，脸冻得红红的，手也冻得红红的。我呢？却舒舒服服地坐在后座上，将两只小手伸进爸爸的棉衣里取暖。夏天，烈日当空，爸爸很费力地蹬着车子，汗水顺着他的脸颊往下流，白色的衬衣几乎被汗水浸透了。而此时，我正安逸地坐在后面享受微风的抚摸呢！爸爸是一个不善于表达的人，这么多年，他从未抱怨过一声"苦"，叫过一声"累"，以至于我这么久才发现隐藏在"宝马"里的深沉的父爱。

这天中午，爸爸又载着我去奶奶家吃午饭，中途遇一条坡度很大的上坡路，我不忍心让爸爸拼了九牛二虎之力带我冲上去，便极力要求步行。爸爸没听见似的，用全身力气踩着踏板，终于冲上了"顶峰"。到了之后，爸爸像个孩子似的笑道："怎么样？你老爸还没'老'吧……"

如今，"宝马"已经是锈迹斑斑，但它依旧在尽它的所能再载我一程。

在爱与被爱之间

赵婉娇

　　曾几何时，妈妈对我说过："我亲爱的宝贝，你是我心中永远的太阳，失去你，我的世界将会黯然无光。"

　　曾几何时，我对妈妈说过："我亲爱的妈妈，你是我永远的永恒的太阳，失去你，我的天地将会一片荒凉。"

　　曾几何时，我明白了，爱与被爱之间是呼应的。

　　无意间，我发现了两本纸张有些发黄的日记本，一本是妈妈的：

　　"宝宝长牙了，她喜欢吮我的指头，今天她咬得我好痛啊！不过没有关系，宝宝，你快长大，快把牙齿长出来吧……"

　　"今天可算是我最高兴的一天，宝宝会喊妈妈了！她说的第一句话是'妈妈'！我将永远记得今天……"

　　"宝宝今天生病了，小脸憋得通红，我将她抱在怀里，她就死死地抓住我的衣服，我好怕。宝宝，你快点好起来吧……"

　　看着看着，我哭了，这些文字包含了妈妈多少深情的爱呀！翻开另一本日记，稚嫩的字有的大，有的小，有的还分了家，这是我的：

　　"妈妈今天买了好多好多大苹果。苹果非常好吃，我给了妈妈一个，妈妈好开心，好开心……"

　　"这次考试，我考得不好，妈妈打了我一顿，打得我好痛好痛，我哭了，我真讨厌妈妈，早知道这样，昨天那个苹果就不给妈妈吃了，妈妈真坏……"

"今天，我们学了一句话——打是亲，骂是爱。原来，妈妈打我是因为爱我呀，妈妈真好，我不应该恨妈妈……"

翻着翻着，我不禁又笑了，看着自己那些稚嫩的话语，突然觉得好亲切，好感动。

我是妈妈心中的太阳，同样，妈妈也是我心中的太阳。爱与被爱托起那个真实、温暖、热烈的太阳，将永不坠落。

时间都去哪儿了

林 茜

050

那首歌是触动我心灵的歌曲，那时常萦绕在我的耳畔，听——"时间都去哪儿了，还没好好感受年轻就老了，生儿养女一辈子，满脑子都是孩子哭了笑了……"

每当听到这首歌，我总会想起我的妈妈，她对我的爱是无微不至的。

小时候，每当早晨起来的时候，妈妈总会为我穿衣，梳头，洗脸，当妈妈细嫩的手抚摸着我的时候，妈妈是多么年轻啊！那时的她脸上丝毫没有皱纹，笑的时候也是那么甜蜜。

记事以后，妈妈的脸上也增添了不少皱纹，可是，她却是一如既往地对我那么亲切，和蔼，为我洗衣，穿衣，做早饭，当洗脸时，也

总会唱着那首十分耳熟的儿歌。

当长大后，岁月在妈妈的脸上刻下了道道皱纹，那是妈妈生命的写照，但是，她仍然像以前一样疼我，吃饭时，她总是在为我夹菜，口中还不停地念叨："来，多吃点儿，多吃点儿，会长高的，来，来，来。"每次起床后，妈妈也总会为我铺床。那次，灯光洒在了她的脸上，我鼻子一酸，妈妈真的老了，她为我付出了她的美好青春。

这时，我的耳畔再次响起了那首歌，"时间都去哪儿了，还没好好感受年轻就老了"。妈妈，谢谢你对我的付出，**谢谢你用你的青春换来了我的成长！**

没有角的菱角

张　驰

051

"快起来了，面条下好了，出来吃吧！"周末早上，妈妈的呼唤让我从睡梦中惊醒，洗漱完便吃了起来。

吃完以后，我正准备倒水喝，突然发现桌子上还放着一盘菱角，这可是我的爱物！我赶紧拿起一个，正准备吃。咦？怎么这菱角两边都没有角呢？一定是卖菱角的人把上面的角给剪掉了，现在的人做生意真会做，真是太细心了。这样吃起来就不用担心嘴巴会被戳破了。

剥开菱角，浅紫色的肉散发着淡淡的清香，尝一口，粉糯中有一股清甜的滋味，口感特别细腻，吃完后唇齿留香，令人回味无穷。我胃口大开，一个接一个，竟停不住口，一会儿工夫，一盘菱角被我一扫而光，却仍觉意犹未尽。再来一盘就好了！

"妈妈，今天的菱角挺好吃的，明天再买一点。"我对妈妈说，妈妈高兴地点头答应。

第二天早上，我迷迷糊糊地醒来，耳边传来"咔擦咔擦"的声音，我看了看闹钟，才六点十分。怎么大清早就有人制造噪音，还让不让人睡觉了？我懊恼极了，一骨碌爬起，冲出房门，顺着声音来到厨房，我看见妈妈正蹲在地上剪着什么东西，这声音正是从这儿发出的。"妈妈，你在干吗呢？我觉都没睡好。"我不高兴地说。"哦，对不起，妈妈没注意。你昨天不是跟我说菱角好吃吗？我起早去买了，我要把上面的角剪掉，不然万一戳伤了你怎么办？"原来，没有角的菱角都是妈妈剪出来的！我还以为菱角买来就是这个样子！看着妈妈那被剪刀压得通红的手，我脸上火辣辣的，突然，鼻子一酸，眼泪止不住流了出来。我快步走出厨房，不想让妈妈看到。

过了一会儿，一盘清香四溢的菱角又放在了我的面前，我小心翼翼地拿起一个，像品尝稀世的珍宝，看着妈妈欣慰的笑脸，我的内心暖暖的。

没有角的菱角，承载着妈妈对我的浓浓的爱啊！

半杯牛奶

张　婷

早晨的阳光温暖柔和，好不容易到了周末，本想好好地睡一觉，却被仅五岁的调皮的弟弟叫醒了。

"姐姐，你怎么还不起来啊？今天要上学!""啊？今天上学？"我立刻醒了。却看见在一旁的弟弟因为自己的恶作剧得逞而哈哈大笑。弟弟笑嘻嘻地说："妈妈喊你吃早饭，不吃会饿的。"

我揉了揉双眼，一度以为自己还在梦里。妈妈说道："起床洗脸，吃点早饭吧!"我盛了一碗红豆粥，一看桌上的牛奶：咦？怎么只有一瓶？弟弟岂不是没有牛奶喝了吗？妈妈看出了我的心思，说道："家里只有最后一瓶了，你问问弟弟，到底给谁喝。"我想了想：弟弟毕竟还小，正是长身体的时候，还是给他吧!

我将牛奶拿给弟弟，弟弟看看我手中却只有一瓶，他也玩起了花样："老师说过'孔融让梨'的故事，这杯牛奶还是给你喝吧，我就不喝了，我可是个懂事的好孩子呢!""那我们玩一个游戏，叫'石头剪刀布'，谁赢了牛奶就给谁。""那好吧!"我故意比弟弟出晚一步，他出"石头"，我出"剪刀"，他自然赢了，我假装有点生气的样子，把牛奶给了他。他望了望我好一会儿，悄悄地把牛奶倒了一半在我的杯子里，然后放在书桌上。我轻轻地端起那半杯牛奶，用心地品味，那牛奶分外好喝，因为它里面有亲情的味道。

053

"亲情"无处不在，只要你用心体会，一定可以发现其中的美好。

春天的味道

徐宇轩

时光飞逝，四季轮回，眨眼间又是一个春季过去，夏天的气息扑面而来，但春天里的那一抹甜味，却久久不曾消散。

春天，是草莓上市的季节，鲜红的草莓，散发着一股甜甜的香气，挑动着人们的味蕾。但比起鲜果，醇厚的草莓酱，更是一绝。

妈妈知道我爱吃草莓酱，但对买的成品又不放心。于是，每到这个季节，她都要制作草莓酱。她买来新鲜的草莓，洗净后放入榨汁机，伴随机器的轰鸣声，草莓汁源源不断地流出，足足有一大盆，加入蜂蜜，更添加了一丝甜味。如此一来，草莓酱的准备工作就完成了，这仅是半成品，就不禁让我食指大动，想先过把瘾。但心急吃不了热豆腐，要想吃到味道纯正的草莓酱，下面一个步骤很重要。

"熬"就是这最重要的一步。别以为"熬"只是放在电磁炉上煮而已，草莓酱不仅易焦底，还会鼓泡，很容易就会在锅里弄得一团糟。因此，需要一直待在电磁炉前，用微火一边熬，一边搅拌。妈妈每次做草莓酱，都要花去半天时间，从买、洗，再到熬制，一站就是几个小时，往往腰酸背痛。当锅里的草莓酱熬掉了水分，越来越浓稠，妈妈疲惫的脸上就会流露出微笑。草莓酱大功告成了。那一刻，我也无比满足，终于能一解我肚里的馋虫了！

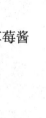

舀上一小勺草莓酱，果然不愧是新鲜草莓制成，比起外面所卖的草莓酱，简直是云泥之别，酸甜可口，却甜而不腻，让人吃上多少也不嫌多，苦尽甘来，付出的所有劳累，此刻都化作了甜味。

把酱封入罐中，我要将它珍藏起来，春天虽然已离去，但草莓酱却留住了春的味道，也是母爱的味道。

爱在饭碗里藏着

奚 琛

我总觉得做学生的日子挺苦的：在学校，一堂接着一堂地上课；作业，一张接着一张地做。放学了，还得上这样那样的补习班……大人们怎么就不能多给我们一些爱，让我们幸福起来呢？我寻找爱已经很久了，今天，终于有了意外的发现。

早晨，我刚起来，就听见锅勺敲打的声音。我下了床，问妈妈今天吃什么。妈妈底气十足地说："今天吃大排面！""大排面！what？新品种！"我疑惑地说道，回想以前什么牛肉面、排骨面、青菜面，鸡腿面……咦，口水是什么时候流下来的？妈妈把两碗面条端上床来，空气仿佛都香了起来，每一次吃面，妈妈总是让我把插着勺子的那一碗吃掉。难道这小勺子里有什么秘密？趁着妈妈盛菜的工夫，我用小勺子翻了翻碗底。别说，真有秘密！原来，我这碗底有个圆圆的大鸡蛋，而没有勺子的那碗则全是面条。看到这儿，我明白了。耍了个小把戏，把没放勺子的那一碗拿过来，狼吞虎咽地吃起来。妈妈端着菜望着我，好像发现了什么，急忙用筷子搅了一下另一碗面条。把戏被揭穿了，妈妈边把碗里的大鸡蛋拨给我边说："你那小把戏我还不知道？"我说："为什么非要把鸡蛋给我？"妈妈笑着说："吃饱了，学习才有精神！"听了妈妈的话，我心里真的好感动。

从此以后，我每顿饭都留心观察，每次都会发现我碗里的内容与妈妈的有所不同，饭硬了，我的碗里不会带硬锅巴；吃鱼了，上面放着妈妈拆好的鱼肉；喝粥了，大枣总会多几颗。

回头想想，其实我们身边并不缺爱，只是我们没有发现。看，妈妈的爱就被我找到了。它呀，就藏在饭碗里！

一棵蒲公英

潘明月

我是一棵蒲公英，我的根深深地扎进大地。春天时，我嫩绿的茎托起我黄色的花瓣，酷似一朵野菊；秋天时，我的花瓣就变成了雪白的小绒球。

我的家住在一条弯弯曲曲的小路旁。我的兄弟姐妹可多啦，嫩嫩的小草是我的弟弟，紫色的蔷薇是我的姐姐，可爱的满天星是我的妹妹，博爱的大地是我的妈妈，勤劳的蜜蜂和美丽的蝴蝶是我家的常客。阳春三月，蜜蜂在这里歌唱，蝴蝶在这里舞蹈。

在阳光的照耀下我健康成长，在星星的注视下我进入甜蜜的梦乡。雨来了，我和我的兄弟姐妹们倔强地挺直腰杆，互相鼓励，因为妈妈时常对我们说，只要根植土壤，就一定能生根发芽，孕育未来。一次次风雨的洗礼让我变得更加坚强。

春去秋来，我要去远方独自生活了。清晨，我告别小草弟弟、蔷薇姐姐和满天星妹妹，带着妈妈的嘱托，牵着风阿姨的手飞向远方。我越飞越高，抬头向上看，碧蓝碧蓝的天空上卧着几朵白云。我越过高山，跨过大河，落到了一片荒芜的土地上，我要在这里安家落户。第二年春天，我又变成了一朵黄色的小花，把这荒芜的土地装扮得十分美丽。

我知道，来年秋天，我还要飞，我还要创造更多的美丽。

这就是我——一棵蒲公英！我虽然没有茉莉的芬芳，没有桃花的艳丽，也没有牡丹的高贵，更没有荷花的端庄，但我有我的梦想，我有我的追求。

057

我家的花儿

丁嫣然

妈妈十分喜欢养花，所以我家的院子里摆满了各种各样的花。每当有花儿开了，妈妈就会把那盆花端进家里欣赏。因此，我即便是一年四季不出门，也会知道现在是春季还是夏季。

一月，我家的花儿可多了！倒不是花儿的品种多，而是数量多。像白梅我家就有两盆，水仙就更多了，至少也有三盆。这些花儿属于

"不惧严寒"型的。水仙水仙，果然花如其名，它那翡翠般的碧叶抽生出洁白的花朵，亭亭玉立在水中，显得格外优雅。那一朵朵白色芳香的花蕾可真像一个个穿着白纱裙、与阳光互相嬉戏的小仙子。所以，它又有一个非常好听的名字——凌波仙子。梅的花很小，但也很美。我尤其喜欢红梅。它的花瓣有好几层，淡粉色的，沁人心脾，其美丽绝不逊色于日本的国花——樱花。

四月，正是百花齐放的好时候。像月季啦、蟹爪兰啦、海棠啦、杜鹃啦……全都被摆在了我家最显眼的位置。今年四月，我家又多了一名"新客"——白蔷薇。这盆白蔷薇长得可茂盛了！那么细的主杆上面竟有十几朵花，把枝子都压弯了。它不像月季，虽然它和月季也算是"亲戚"。月季每年都只开一朵花——仅仅只有一朵，有时真觉得她还挺孤单的。要说"团结"的花儿，杜鹃应算一种。只要养分充足，满枝的花儿都不成问题。放眼望去，杜鹃花儿好像一片红云。

058

十月左右，菊花占领了我家的"重要基地"。东边有黄菊，西边有白菊，南边有红菊……菊花的茎粗，叶子也很大，可爱极了。但菊花开完以后，第二年就开的花就小得多了。

妈妈有时也会去鲜花店买花来装扮屋子，玫瑰、康乃馨、百合、勿忘我……这些话都是我家的"常客"。

我家还有三株"向日葵"呢——它们是三朵仿真花。

"为什么要买三棵向日葵呢？"我十分不解。

"这三棵向日葵就是我们一家三口啊！"妈妈笑得像花儿一样灿烂，"我们要像向日葵那样，乐观、坚强，永远挺直了腰板，永远向着太阳微笑！"

一份特殊的礼物

奚子群

去年暑假，小姨从远方给我寄来了一份特殊的礼物。

那是一粒种子，信中她说："子群，希望你可以像属于你的幸运花——牵牛花一样努力向上，自由自在地生长着！"于是，我把它种了下去。它长得很快，一夜间，它便露出了尖尖的芽。一觉醒来，纤细的茎变粗了不少。我很高兴，我想我和它一样充满朝气哩！又一觉醒来，原本娇嫩的两片小叶子长成巴掌大了。

一天，妈妈来到我的房间，对我说："子群，你窗户钥匙呢？"我给了妈妈钥匙，妈妈边说边动着："子群，你看你的牵牛花怎么顺着窗根逆时针缠绕着呀，这样下去，非长到左边的空调外机上不可。"干是，牵牛花的藤便被她小心翼翼地拽下来了，又按顺时针方向缠绕了回去。我有些恼怒。没想到，过了几天，它竟原路返回，又重新按逆时针方向绕了回了去。妈妈就又把它绕了回去，谁知它又绕了回来。妈妈也好像和它较上了劲。过了几个星期，妈妈拿出一个胶带到我房间。天啊，她竟想用胶带把它粘住，不让它回来。我忍受不住了："妈，您不能这样，人家想怎么长就怎么长，你为什么一定要按照您的意思来生长呢？""你的花和你一样都太倔强！"妈妈气得连胶带都忘了带走，摔门而出。花儿果真长到空调外机上，暖风把它的一些叶子都吹枯黄了。妈妈便说："怎么样，不听我的话，枯了吧……"我一言不发，心情很失落。但是，没想到，几天后，它在枯败的叶子后面又重新长出了一条藤，这次，它选择了向上爬去。

可是，过了几天，爸爸又对我说："子群，你这花，不能长了，再长就到雨篷了。这样，我掐了它的头，它就不会长了，而且养分又供得上，花开得又多。""不，我就不，它长得再高，就是长到天上，我们也不该管它，只要人家愿意。"我说。爸爸不说话了。

它长到雨篷上，于是它便由左边缠呀缠缠到右边，再从右边爬呀爬到左面。我很高兴，它们可真自由！终于，在新学期开学的第一天，它开了花。一朵浅蓝的牵牛花像一个小喇叭。雄赳赳气昂昂地挺立着，充满了朝气！现在，只要我每天一睁眼，便能见到一篷的牵牛花在欢笑。我可以对着爸爸妈妈说："看，幸好我当时拦住了你们，不然它们怎么会像现在这样美好！"

小姨，谢谢您个这份特殊的礼物，它使我明白了一个特殊的道理。

060

观　荷

宁远晴

夏天，是观荷的好时节。

走进那具有皖南风韵的古村，忽觉一阵清香袭来，顺着香气寻去，我看见了满池的荷花荷叶。挨挨挤挤，高高低低，极具美感地生长在那里。荷花的香气越远越清幽，近了，竟没有感受到香气的独特，果然"距离产生美啊！"眼前的朵朵荷花，屹立在荷叶丛中，"接天莲叶无穷碧，映日荷花别样红"，一朵朵红色的荷花，在绿荷的映衬下显得格外耀眼。它们有的像含羞的少女，含苞待放；有的像的伙伴，相偎相依；有的已经绽开了笑脸，花瓣的中心，是一个个嫩绿的花蕊……好一幅优美的水粉画啊！

我在远处的一条长椅上坐下，又闻到了那清幽的香气。"可远观而不可亵玩焉"，周敦颐说得对，荷果然是不可让人靠近玩弄的东西。的确，它就是一位花中君子，一位正直廉洁、不与世俗同流合污的君子啊！它有着笔直的根茎，"中通外直，不蔓不枝"。我顺着荷梗往下，看见了满池子的淤泥，泥潭里甚至还散发着微臭，"出淤泥而不染"，荷花是怎样在这样的环境中生长出来的呢？它是经历了多少地磨砺才能在这淤泥中亭亭玉立？

走出了这古村，我感到收获满满，不仅收获了美景，还感受到荷花的优秀品质。以前，在书中看见的荷虽具有文学家所描述的品质，却并不那样真切。直到今天，看到真实的荷，我才被它的美惊艳，这果然是像文学家所说的那样，它不被周围环境所影响，不会因为生长在淤泥便玷污了自己。在那一刻，我看到了荷的内心。从今往后，我要以荷那样美好的品性来要求自己。

那天晚上，我做了个梦，梦见我成为一朵君子般的荷花，屹立在荷叶丛中。

风，一直在吹

沈凤西

我一直都不曾理解过父亲，不明白他的严厉，不明白他的无情，甚至不明白他与我的距离。我与父亲之间，就像有一堵墙，挡住了所有能为彼此带来的清凉的风。

那是一个闷热的夏日午后，我正趴在桌子上写作业，屋内昏沉得让人喘不过气来。我望着窗户上一动也不动的风铃，忍不住咒骂了一句："该死的鬼天！"继而擦了擦额头上密密的汗珠，烦躁地动了动笔。"真是热死人！"我几乎贴在了桌子上，为的就能凉快一点。旁边嗡嗡作响的电风扇似乎也起不到什么作用。

"头抬高点！"猛的一声呵斥，让我吓得几乎跳了起来，回头一看，原来是父亲。"噢"，我极不情愿地挺直了腰板。可是这天实在是太热了，我实在太难受了，走了没多久，我又趴在桌子上。然而这次，我竟在不知不觉中睡着了。

迷迷糊糊中，我听到了父母的对话：

"把她喊起来吧。"这是母亲的声音。

"不用了，孩子也累坏了，让她休息一会儿吧。"

语音刚落，我就感受到一股股清凉的风从背后一直吹到手臂上。很明显，有人在给我扇扇子。是谁呢？我还没想完，一只大手就抚上我的头发。那只手是那么的粗糙，粗得我都能感受到五指之间厚厚的老茧。天哪！我强忍住泪水，这难道真的是父亲的手？想象着父亲苍老的手，回忆着父亲给我的爱，我再也忍不住泪水……"爸爸……"我猛地一抬头，吓得父亲一大跳，他看着早已泪流满面的我，笑了。

"丁零丁零"，窗户上浅紫色的风铃发出悦耳的声音。原来，风一直吹……

我已经忽视了父亲多少的关怀？也许是深夜里一杯香郁的牛奶，也许是每天早晨一声"注意安全"的叮嘱，也许是中午饭桌上一副摆好的碗筷。父爱一直在我身边啊，只是我不曾看清楚，那风一般的爱的模样。

美好的留言录

拖着疲倦的身影回家，夕阳把我的影子拉得很长，天空中有一丝白云飘过，但我无心观赏这白云，只有一句话：上学真累！

到家了，不知不觉已经坐在饭桌上了，爸妈都去值晚班了，只剩下我一个人，空荡荡的，桌上没有摇曳的烛光，只有亮得刺眼的日光灯；没有儿童银铃般的笑声，只剩下窗外蝉的孤鸣，那么的不甘寂寞。

桌上摆着妈妈早已烧好的饭菜，我端起碗，寂寞地吃着。饭菜很丰盛，可在我吃来都是一个味道。总是一个人吃饭，我真羡慕同学能和爸爸妈妈一起吃饭。妈妈总是要值班,我觉得她心里好像没有我。

桌子的一角放着一个不起眼的本子。这是什么?打开一看,妈妈写的几句话赫然出现在眼前:最最亲爱的女儿,妈妈从今天开始给你在留言录上留言,希望你看后能学会照顾自己。下面的落款是妈妈的名字和日期——9月28日。今天是10月3日,这么说9月28日这个不起眼的小本子上就已经有妈妈给我的留言了。我可真马虎,这么久了都没看见,每天只顾埋怨妈妈了。我往后翻,几行清秀的小字立刻呈现在我眼前:

"宝贝,今天妈妈烧了小青菜,你可得多吃点儿,看你头发黄的。"那一天我把小青菜倒了,妈妈因此十分生气,还骂了我,原来如此。

"阿琪,今天我给你买了笔芯,在抽屉里,看看合不合用。"是吗?我这几天都没打开过抽屉。我赶紧打开抽屉一看,一盒蓝色笔芯躺在那里。

"女儿,吃鱼时,小心点儿,别卡着了。"……

妈妈并没有什么文化,几个不常用字还是用拼音代替的。我看不下去了,是的,妈妈虽然并不是每时每刻都在我身边,但她的那颗心却一直陪伴着我,我一直是被妈妈捧在手心里的宝贝啊!妈妈的留言录是如此美好,我深深地感受到了被自己忽略的母爱。

晚上十点时,我躺在床上。爸爸妈妈回来了,我假装睡着了。妈妈首先悄悄走进我房间,开了灯,对爸爸说了一句:"她怕黑!"妈妈帮我整理书包,然后轻轻地亲吻了我的额头,帮我拉了拉被子,又悄悄走了出去。望着妈妈的背影,我哭了,眼泪顺着脸颊流下去,我感觉那滋味是甜的!

放学回家

吴馨怡

　　每天放学回家，等待我的，都只是一个空荡荡的家。每次回到家，打通妈妈的电话，都会说她从外婆家带饭给我。

　　在我的家中，爸爸每天都忙着在外面吃饭；而妈妈下班后，接我到家，就去外婆家盛饭给我吃。而我，已经从暑假到现在,都没有吃过妈妈烧的饭了。

　　我想，大多数同学回家，大概都能看到满桌热腾腾的饭菜，以及坐在桌边等你吃饭的父母。可我，自从进入六年级后，每天回家，别说和爸爸吃饭了，连在家都很少吃了。为什么呢？妈妈说，时间太少了，来不及做饭，我已进入六年级了，学习任务很紧,必须得在吃饭方面速战速决。可是妈妈啊！你是否知道,每当我去其他同学家做客，看到他们的父母在家里和孩子一起吃饭，我是有多么羡慕和嫉妒啊！一想到家里那冷冰冰的环境和同学家一家团聚的场景，我多么希望你们没有好的工作，能每天回来陪陪我，问问我的生活，那样该多幸福啊！我甚至想问，你们是不是已不爱我了！直到几个星期前的一天，我有了不同的感受。

　　那一天，是我的生日，像往常一样放学，却意外地发现，妈妈没有来接我，我想：今天爸爸妈妈不会都去吃饭了吧，可今天是我的生日啊！放学的路上，我十分的失落，宛如被水淋湿了一样狼狈。

开了家门，在玄关处，突然闻到阵阵菜香，头往里一探，发现妈妈正在厨房烧菜，我十分的高兴，抓着筷子就要开动，妈妈赶紧制止我说："等爸爸回来一起吃，我们给你庆祝生日。你爸爸为你特意推掉了饭局。""真的吗？"当时我高兴的，在房间里手舞足蹈，妈妈看见了，也会心地笑了。

很快爸爸就回来了，晚餐也开始了。吃饭时，我疯狂地往嘴里塞饭菜，爸妈让我慢点吃。这时爸爸说："丫头，对不起啊！平时我们太忙了，无法抽空陪你。我向你道歉！以后一定会多抽点时间陪你。""是啊！以后，我会多回来烧饭给你吃的。"我没有说一句话，因为我已经泣不成声了。那晚，我们聊了很多，我慢慢打开了心结，也渐渐原谅了父母。因为，他们为了这才这样做的啊。

从那以后，我每天放学回家，看到空空的家，不再感到失落。因为我知道父母爱我就够了。

放学回家，即使面对空荡荡的家，我也不会失落。因为我的心被那顿饭的爱填满了。

066

妈妈的一天

蒋菲儿

"喂，菲菲，快点儿起床！"我偏不起来，看你拿我怎么办！

"还不起床哪？你也不看看几点了！"妈妈的声音再次在我耳畔

响起，她用那满腔怒火将我"烤"得"体无完肤"。"我这不起来了嘛，吵什么呀。"我用那可怜兮兮的语调来表达我的不满。

我欣赏着窗外的美景，哼着小曲儿，吃着油滋滋的面包，心情可是好得不得了。"还在慢慢吃，还在慢慢吃！都七点十五了，上学要迟到啦！"老妈瞪圆着眼，手叉着腰，用严厉的语气对我说。真是一语惊醒梦中人啊！我狼吞虎咽到要噎死自己，分毫不顾淑女形象。妈妈风风火火地拿过我的书包，又风风火火地飞速送我到学校。

完成了送我的任务，妈妈算是舒了一口气。可我知道，紧接着，她脑中的那根"家务筋"又绷紧了。妈妈以往的时间安排可都是这样。飞速买好菜，回到家中，爸爸将弟弟交给妈妈带，自己便出去拼搏了。妈妈一刻也不能停：择菜、洗菜，给弟弟喂饭，换尿不湿。近日弟弟又学会了爬楼梯。妈妈在高兴之余，更多的是忧愁——孩子摔下来怎么办哪？可时间不容妈妈多想，怎么办？边做家务，边看着弟弟。妈妈恨不得有三头六臂才好。

中午，我回来吃饭了。桌上早已有色香味俱全的饭菜了：红烧排骨、木耳炒猪肚、炸荠菜丸子、凉拌黄瓜、老母鸡汤……看着这一桌的美味佳肴，我心里很不是滋味。妈妈能在百忙中做出这么多好菜，已经是"难中难"了，可有时心情不好的我还对她发牢骚。

下午上学时间并不是很长，可妈妈总担心骑自行车去上学的我有危险。我只要回来时间晚一点儿，她便会问长问短。

晚上，一家四口洗澡还得排队。妈妈虽是第二个洗好澡，但她却是睡觉最迟的那一位。因为她还得将浴室清理好，还得将家里人的脏衣服洗好，还得将明天早上为我准备什么早餐想好……

妈妈的一天总是那样匆忙，劳累。可妈妈从不会有怨言，她觉得，为家里人劳累，为两个孩子忙碌，是值得的。

笨小孩儿也会受老天喜爱

　　有人抱怨自己不聪明，努力了也没用。这是错误的。有首歌中唱道："聪明的小孩很厉害的啦，只是笨小孩儿也很可爱的。"只要你足够努力，笨小孩儿也会受老天喜爱。

笨小孩儿也会受老天喜爱

徐 瑶

我是个在学习上缺乏自信的女孩儿。有一天,看了《老天会爱笨小孩》这本书后,我懂得了"笨"对一个小孩儿来说,有时反倒是一件好事。

主人公黄金鑫是一个笨小孩儿,他被爸妈花了一万五千元转到了一所好学校,当胡老师让他介绍自己名字的由来时,他老老实实站起来说:"我也不知道,大概是我爸妈爱钱吧!"他坐下时,他同桌说:"你真笨,你说你五行缺金不就行了吗?"而他也只是傻傻地笑。他是大家眼中的笨小孩儿,说话笨,做事笨,玩游戏也笨……在一个偶然的机会中,他听了一场新东方校长俞敏洪的报告后,他不但知道了俞老师是一个笨人,还知道了"笨"也有好处,笨人也能成功。他开始变得自信,变得开朗。

我和黄金鑫一样不是一个头脑灵活的孩子,却又总是不想承认自己是个"笨小孩儿",因为我相信丑小鸭也可以变成白天鹅。我常鼓励自己,大科学家爱因斯坦,他小时候被学校当成了:"不可救药的笨蛋"被迫退学回家,发明电灯的伟大发明家爱迪生,也被当成"笨小孩儿",遭受不公正的对待。可他们最终不都成了伟大的科学家吗?我总是想着这些,却从没想过丑小鸭是怎样变成白天鹅的。

　　看了黄金鑫的故事，我渐渐明白，我总是在空想，却没有像他那样付出努力。我平时对待学习总是马马虎虎，每到期末考试时就临时抱佛脚，一晚上背七八课，但背得快忘得也快！考试时，不会的太多了，很多知识不熟，背的也全忘记了。成绩也理所当然的不好。我决心向黄金鑫学习，我发现自己和他有相似的地方，我和他一样反应慢，上数学课人家答的算术题我还要想半天，但有时那些答得快的人会答错问题，而正确答案恰巧被我这样反应慢的人答对。原来，我只是比别人慢一些。黄金鑫曾说过一句话，我没有一颗聪明的脑袋，所以我只有死用功了。"死用功"就体现在他背英语单词方面，他的记性不好，只有背无数遍，才能让单词烂熟于心，这样反而不容易忘。背课文也是这样。到期末考试时，很多同学又开始重新背课文，而金鑫却依然能把很多课文从头背到尾，他不用花太多时间去复习，就可以应付考试了。于是我开始用这种"笨办法"来学习，别人一遍就会，我就三遍四遍地学，不懂就请教那些成绩优秀的学生。期末考试前，我早早开始了准备，每天做完作业就复习，就连下课的时间也背书。终于，上学期期末考试，我的成绩大有进步。老师也表扬了我。

　　那时，我终于懂得：笨小孩儿也会受老天喜爱，因为笨小孩儿一直在默默努力，从来不放弃。所以我想对现在被称为笨小孩儿的同学们说：不要气馁，努力将会是你开启聪明大门的钥匙。

笨小孩儿也会受老天喜爱

我咋这么笨呢

林 俊

上学时，我就发现自己很笨，做什么事都比别人慢。因此，我常暗暗叹气：我咋这么笨呢？

在家中，妈妈让我出去买一包食盐，我听了，走了很远的路，去了我常去买东西的那一家，回来说："妈妈，卖食盐的地方太远了，以后别让我去了。"我一说完，妈妈说了一句："不远啊。楼下那一家就有的买，我不是带你去过吗？"我听了，回想起来，是啊，妈妈是带我去过。唉，我为什么这么笨呢？

在学校里，平时我做作业的水平也不低，我的记忆力也还好。可一到考试我就傻了眼，总感觉时间来不及，考试不及格的事也时有发生。心理紧张不可能，我也不是第一次考试了；记性不好也不可能，我考试前才复习的，而且有的内容背得滚瓜烂熟。为什么我就考不好呢？看着放在面前的一张张试卷，上面红叉叉遍布，那点可怜的分数特别刺眼，我欲哭无泪。题目稍微有点变化我就会做错；做过的题目我也做得很慢，别人一小时能做好的试卷，我常常要花上两个小时甚至更多的时间！唉，我为什么这么笨呢？

在户外，我和我的朋友们玩游戏，简单的游戏我都会。可他们一说复杂的，我就要花好长一段时间去理解，却还是似懂非懂的。时间久了，朋友们都用异样的眼光看着我，也不大愿意找我玩了。唉，我为什么这么笨呢？

　　笨笨的我一天天地长大了，慢慢地我知道了笨有笨的好处。我背书不看几十遍背不出，可别人几分钟就会了。可是我发现，我背书慢也有好处，别人背完后过了一段时间就不记得了，可我背完后，可以长时间的记住，而且可以记得很牢。虽然我的成绩不好，可是我一直很努力，别人一遍就能听懂的内容，我要学两遍三遍才行。虽然我走得跌跌撞撞，可我一直在前进。

　　我知道我是个笨孩子，我不追求像老鹰一样一下子飞上蓝天；我只希望可以像蜗牛一样慢慢前进，边爬边看那些因为太快而看不到的美丽风景。

　　我知道自己依然是个笨孩子，可是我不再暗自叹息。现在的我，还是常说，我咋这么笨呢？可是，那分明有种骄傲的语气！

073

假如时光可以倒流

沈培骏

　　子在川上曰："逝者如斯夫"，意思是说，时光是一去不复返的。在时光的匆匆流转中，我也成长为一个少年了，可是有时候我依然像歌中唱的那样"等待着下课，等待着放学……"

　　两天前的期中测试，成绩早已公布，拿到试卷的那一刻，我犹如挨了当头一棒：数学、英语都不及格，连简单的语文试卷，我也只考了75分，班上大多数同学的成绩都在八十分以上。有位同学曾在随笔中写过，一分耕耘一分收获，在考试前你努力了多少，你认真学习了多少，你的考试分数就有多少……之前我看了还不以为然，那一刻我终于体会到了。开学以来，虽然每天也在学习，每天做着复习、预习，但我知道，自己的心没有进去。可每次老师问我最近在家学习的情况，我总是说还好。日子就这样一天天过去，我对待学习始终漫不经心，所以得到这点分数也是自然的。我的耳畔又响起了那首歌，"总是要等到考试以后，才知道该念的书还没有念……"，歌中唱的不就是我吗？

在电影《大话西游》中，孙悟空多次打开月光宝盒使时光倒流。现在，我多么希望电影中的情节能在我的生活中上演，让天上掉下一个月光宝盒，让我回到一个月前。

假如我能拥有一个月光宝盒，假如我拥有穿越时空的能力，假如时光可以倒流，我一定要回到一个月前，开始一段新的、属于我的生活。在这新的一个月中，我会做回原来的自己，让自己重新回到学习的状态。我会认真听讲，面对老师的提问，我会积极思考；课后及时复习，有不懂的问题时，我会主动请教老师；考试前，我也会积极准备……那样，就不至于落到学习成绩急速下降的地步了。

然而这一切终究是梦，月光宝盒只在电影中，我也无法穿越时空，时光还是会匆匆流去，不会为任何一个人停下脚步。我所能做的，只有把握好现在的时光。

此刻，已是夜深人静，我依然没有放下书本，因为时光不会倒流，我不想让自己再次后悔。

为自己画上符号

牛浩然

我要为自己画上感叹号。小时候的我很贪玩，特别是在假期，我常常先玩好再做作业。有一次我在写作文，写到一半，小伙伴来找我玩，我便匆匆结尾，和大家玩去了。结果爸爸回家看到我的作文写得虎头蛇尾，便撕了让我重写。那时候我很犟，仍敷衍了事，结果爸爸一怒之下拔了电视线。自此，我好久都不能看电视。因此，我要为自己画上感叹号，警示自己什么事该做什么事不该做。

我要为自己画上问号。小时候的我读书总是走马观花，遇到不懂的地方也不去钻研，结果一本书看下来只能记得大意，过几天就忘记了。这样也影响到了学习。因为不爱思考，题目不懂也不去请教，渐渐地，越积越多，学习也越来越困难，所以留下了后患，考试时许多题目都不会做，成绩也不理想。所以，我要为自己画上问号，提醒自己学习就要多思多问。

我要为自己画上句号。小时候的我喜欢玩游戏，每当玩过游戏后就念念不忘，总想找机会再玩，实在不能玩就会想，上课早已无心听课，做梦都想着玩游戏。有一次爸妈不在家，我萌生了玩电脑游戏的念头。心想只玩一会儿，结果一玩就是一个半小时，连爸爸妈妈进门我都没发现，结果当然少不了一顿批。因为玩游戏导致了成绩不理想，也因为玩游戏戴上了眼镜。上了高年级后，我渐渐明白了游戏的危害，也为过去虚度光阴而后悔。所以，我要为自己画上句号，提醒自己向过去的我告别。

现在的我长大了，正像那首歌中所唱的，"我觉得我的未来像一张白纸，每一天我用心在上面写字"，我还在不停地为自己画着各种符号；但我也知道：做人最重要的是要有自制力和上进心，否则画多少符号都没用。

我们可不可以回去

朱金幸

076

回去，回到过去，穿越到那个有你的曾经。

——题记

灯光暗下，荧幕闪烁。

这是场属于我一个人的电影。

在小镇上有两个女孩儿，她们是很好的朋友。她们经常会因为一些小事而吵架，但不会冷战很久，因为都不舍得让对方受到伤害。

她们会在商店五花八门的衣服里挑中同一件，会坐在奶茶店里喝同一种饮料，也会安静地在图书馆里分享一本书，甚至能写出相似风格的文字。她们在一起哭过、闹过、感动过，以为不会有任何东西可以使她们分开，固执地认为如胶似漆能换来永恒的相濡以沫。

那时，她们还不知道有种东西叫时间。后来一个女孩儿转学离开，另一个发现她竟未能留下任何东西能证明她们的曾经。她开始难过后悔，在午夜梦回后抓不住她的轻颦浅笑感到空洞，无论做什么事都会莫名其妙的失神。

那种极力想挽回的迫切感将她自己从身体中狠狠抽离，穿越了空间，她在时间的洪流里拼命地寻找她们的过去。她看见自己又变成了过去的模样，听见自己与她初遇时说的话语。时光倒流。

昔日的场景重演，只是这次，她开始认真地记录下彼此间的点点滴滴。她用画笔勾勒出女孩儿的笑容，用相机拍下她们共同路过的风景，用文字写下彼此的心情与回忆。女孩儿用心灵记住她们在一起的一切场景，将每个瞬间都刻进记忆。她心想，这些事物她会用一生来铭记。

到了离别的时间，女孩儿再没有难过，坦然面对了她的背影消失于视线。留下了记忆，哪还会有遗憾呢？就算有，也不过是不能在一起的无奈罢了。

电影散场，灯光亮起。

我望着满场空座椅，多想穿越回去，写下些能让你留下的诗篇。"我们可不可以回去？"没有人应答。

结局就是如此，我们可以不回去，但是可不可以对彼此说句"再见"。再见！那段单纯开心的岁月。

梦回唐朝

孙佩怡

　　这是我们不变的血脉，因为唐朝；这是我们不改的容颜，一如唐朝。这是我们不舍的情结，回味唐朝；这是我们不忘的记忆，梦回唐朝。

——题记

　　"清晨入古寺，初日照高林。曲径通幽处，禅房花木深。"一如如此清丽的景色一般，我想若让我如同小说中的人物一般穿越古今，我来到的，除了如此古意幽幽的后禅院里，还能是哪里呢？

　　微踱步，轻吟诗，转过一间禅房，踏着一地的诵经声与鸟鸣，在一条小路的尽头，在一潭池水前，我看到一个衣袂飘飘的背影，我不忍打扰他，走上前去侧耳倾听他的轻吟，我缓缓抬起头，拼命想要看清他的脸，然而却始终看不清到底是谁——是常建？是李白？还是刘禹锡？我无法分辨出唐朝每一个让人心中向往的名字，也罢也罢，看不清是谁又如何？在他们腰间"斗酒诗百篇"的酒壶里，在昂首相望留下壮丽诗篇的大好山河里，在每一个月落乌啼江枫渔火的异乡的夜晚，在每一个香炉生烟的庐山的清晨，每一个季节，每一个晨曦与黄昏，我早已深深触动和陶醉；我看到的，无论春风春鸟，秋月秋蝉，夏云暑雨，冬月祁寒，字字句句里，唐诗华茂词彩里的情深雅怨，都令我无法自拔。回转身，我带着一身的禅意，穿梭找寻另一个梦境。

在浩浩汤汤的长江上，涛涛的江水卷起一层又一层的浪花，被劲风拥抱着向天门山石壁上撞击着，被撞成一片片飞扬的水雾与碎末，发出似雷霆般的响声。而就在这滚滚长江水里，有一艘小船，船上仅两人，我，与那位手中从未放下酒壶的诗人，李白。我立于他的身后，听到他爽朗的笑声在江面久久回荡，豪迈的饮酒与豪迈的笑，豪迈的仰头里诵出声声豪迈的诗，"天门中断楚江开，碧水东流至此回。"他举起酒杯，喝了满满一大口酒，慢慢地，对着太阳的余晖，喷薄而出另外两句诗"两岸青山相对出，孤帆一片日边来。"我忍不住悄声赞叹着，看夕阳给华彩的诗句镀上了一层更加绚丽而又深沉的金色，闻着古朴豪壮的诗句里浓浓的豪情壮志与激昂的情怀。倏尔，一只鹭鸶飞过，在出口却久久不散去的诗句里飞过，在我的脑海里留下一缕剪影。我想是否也如此刻的我一般，被震撼而迷醉了呢？

我继续穿越着，看遍唐诗里的风景，感受诗人的苦乐。从"人闲桂花落""月初惊山鸟"王维的悠远心境，到站在破落的草堂里感受杜甫"大庇天下寒士俱欢颜"的宽广胸襟，从"大漠孤烟直，长河落日圆"的边塞绮丽风光，到"孤舟蓑笠翁，独钓寒江雪"的寒冬清幽孤寂。在唐诗的国度和历史里，我的旅程将永不会终止，我不断地穿越着，体味着，感受着，回味着这个不一样的唐朝。

穿越？留下！

叶人轩

曾经，穿越只是我无意中调侃的对象，"看史书唯一的好处就是在穿越后能用上"。

曾经，穿越剧火爆荧屏，剧中人物的命运，让多少观众唏嘘不已。

曾经，我幻想自己有朝一日得以穿越，却又舍不得现下的人和事，于是幻想很快搁置，不再提起。

如果真的有一个穿越的机会摆在眼前，你会怎样选择呢？

虽然这是不可能的事，至少目前来说还不可能，我们还从未听说过哪一起人口失踪案跟穿越有关，但总有一些不可能的问题需要思考，就跟物理中，总有一些无用功要做类似。

生活中总有许多不如意，作为一个普通人，我虽然没有缠身的病魔使我时时担惊受怕，亦没有高筑的债台令我日日寝食难安。可我也有许多不顺心的地方，我也和其他普通人一样，无时无刻不想摆脱这些烦恼。

如果你也有许多烦恼，那么，让你穿越到另一个世界，一个完美的世界，你在那个世界，是上帝的宠儿，你愿意吗？

别急着说"Of course",我不得不告诉你，如果你穿到那个世界，你固然会成为天之骄子，得到你想要的一切。可你却会失去你现在的亲人、朋友……你身边的人会为你的不告而别不知所终而担心忧愁，你还舍得吗？

在《儿童文学》上看到过一篇幻想小说，就说一辆公交车，可以搭载你穿越到你想要的世界，如果你想，就可以永远留在那里。主人公是一个总遭到老师批评，妈妈责骂的女孩儿，可她最终却选择了留在现实。说实话，这篇小说在《儿童文学》里算不上出彩，却令我久久感动。是啊，现实生活中有这么多令我们留恋、依恋的人，又怎么舍得穿越？未免太狠心了吧？

心中那个问题答案渐渐清晰起来，我选择留在真实世界，活在当下。挫折也好，困难也罢，就算不完美，也要自己主宰，自己创造。没有人不会受伤。何必寄托希望于穿越？有身边的人和你一起去拼去闯，输了有人安慰鼓励，这才是最美好的，这才是我想要的。另一个世界再好，我也不要穿越。

心灵的穿越

钱　锦

　　有些人，有些事，终究如过眼云烟，最后迎来的必定是离别。但那心灵的穿越，却让我懂得该如何面对终将来临的未来……

——题记

　　在这个不完美的世界，总是有诸多的不完美之处，而我们所能做的，就是尽力地使它变得更加完美罢了。即便是年纪轻轻的我们，也不能违背它，而要去感受、去珍惜、去把握。在我七岁时，因为父母的工作调动，我来到了这个小县城。正值暑假，我并没有机会与朋友们告别，这是我最内疚的事了。正是那时，我与我最好的朋友闹脾气，互不理睬。在我离开的时候，我望眼欲穿，也没有看到那熟悉的背影。转学后，我总是会在不经意间，想起大家快乐游戏的场景，心中便起了涟漪，只有后悔，后悔没有道别，后悔没有快快乐乐地离开。即使后来我们再见了面，也回不到从前的无话不谈，形影不离。

　　在六年级，像我的不辞而别一般，我们的劳动委员离开了这个集体。他说我们总是不把他当个班干部，不听他的安排。我便又在后悔并没有在他离开之前告诉他，其实我们没有针对他，也并没有讨厌他。只是有时调皮而已。他离开之后，有好多的事情，总觉得不够完美，才想起来若是他在，那一定会更完美的。但是这机会，是再也没有了。

　　就在那时，我不禁问自己，若是再次遇到这样的事情，自己会怎样去做，又会有怎样的不同结局——到底是真诚的欢乐，还是无尽的感伤与后悔呢？若是还有离别，还有聚散，我又会怎样去面对它？未来本来就无法琢磨，无法看透，更无法预料。我怎么知道未来会不会还有离别？我们还只是在小学，我们都还很小，未来却并不遥远。未来对于我们，不会总是美好的，可能也有残酷，而我们为了不留遗憾，为了更加完美，也只能选择珍惜——珍惜过去的那些美好回忆，同时也珍惜即将远逝的现在！

　　我庆幸自己经历了这次心灵的穿越，这次让我变得更加清醒的心灵历程。我知道了自己对于现在，对于未来要如何面对，怎样让自己的人生留下最少的遗憾，最多的欢乐。所以这次，我选择了与那位即将离去的同学道别，也祝愿他能快乐地离开。我暗自庆幸自己先经历了这场心灵的穿越，才会使人生不留遗憾。尽管以后未必会再见面，但这对于我来说，已经足够了。

是啊，人总是会经历分离，那些离愁别绪并不是很久以后的事情，再过不久，我们便会各奔东西。但在这之前，我一定会学会去好好地珍惜，珍惜那些我们曾一起走过的日子，并深深地印在心中。因为有些人，有些事，终究是过眼云烟，转瞬即逝，只有珍惜，才能永恒。那便是我心灵的穿越所传授的一切。

心　声

范宇婷

小时候，我们都有过这样的经历——每当我们正玩得高兴的时候，爸爸妈妈就会命令我们读书。尽管心中有一百个不愿意，但还得按爸爸妈妈的要求去做。

在《五猖会》中，年幼的鲁迅也有这样的经历——

孩子们所盼望的，除了过节之外，大概要数迎神赛会的时候了，对于爱玩的小鲁迅来说，当然也不例外。"要到东关看五猖会去了。这是我儿时所罕逢的一件盛事，因为那会是全县中最盛的会"，字里行间都能体会到他对于五猖会的期盼……

大清早大家起来，将船椅、饭菜、点心盒子陆续搬上船，正当我笑着跳着催促工人搬快些时，父亲却让我背《鉴略》，"给我读熟。

背不出，就不准去看会。"他说完便走进房里去了。我似乎从头上浇了一盆冷水。但是，这有什么办法呢？父命难违。当然只有读着、读着，强记着，争取快点背出来，母亲、工人、长妈妈，都无法营救，直到太阳升得更高，他才"梦似的就背完了"。父亲终于点头说："不错。去吧。"大家同时活动起来，脸上都露出笑容，向河埠走去。鲁迅却说"我却并没有他们那么高兴"，"水路中的风景，以及到了东关的五猖会的热闹，对于我似乎都没什么大意思。"

一次千呼万唤而来的迎神赛会却被父亲搅得索然无味，从最初的兴奋和期待到后来的失落。相信很多人都会为此感到遗憾、惋惜，甚至憎恶鲁迅的父亲，但是父亲不也是望子成龙心切吗？

现在的父母又何尝不是这样？他们从不问我们想要什么，总站在自己的角度思考，总觉得他们都是对的，一切都是为孩子好。我们刚出生，父母就已经为我们规划好将来要走的路。还没上学，就要上早教班；长大了，就让我们上各种兴趣班，寒暑假、周末，都没有自己的时间。事实上这样的学习效果也不好，"直到现在，别的完全忘却，不留一点痕迹了，只有背诵《鉴略》这一段，却还分明如昨日事。"五猖会之前的所背的书都不记得了，但那份无奈却记忆犹新。

我们的父母只顾拔苗助长，却忘了我们的成长需要时间。我们也理解父母望子成龙的心情，可我们也期待着父母能换个角度，留点时间和空间，让我们在快乐中成长！

084

即使翅膀断了，心灵也要飞翔

顾美彤

如一缕阳光，照亮了我的心灵；如一眼清泉，滋润了我干涸的心田；如一团温暖的火苗，温暖了我近似绝望的内心。当我一口气读完《无臂天使》这一篇文章时，我已哭成了一个泪人，是敬佩，是感动，还是愧疚？我不清楚，但，这个故事已深深地烙在了我的心上，让我永远也无法忘记。

文章的主人公，是一个无臂的女孩儿。她原本会有一个健康幸福的人生，但是，一场车祸彻底地改变了这一切，与她的双臂一同失去的，还有她的航天之梦。

她痛哭过，颓废过，甚至绝望过。但最终，她站起来了，她开始实现在学业和事业上的飞翔！她先后资助过上千名学生，让他们代替她飞翔，代替她完成航天之梦。最终，她说出了这样一句话："即使翅膀断了，心灵也要飞翔！"

看了她的经历，我不禁想到了自己。我的身体一直不是健康的，十二年来，光过敏这个恶魔就一直纠缠着我。面对皮肤上的水泡、红斑，我感到痛苦；面对同学们那异样的眼光、无情的嘲讽、背后的指指点点，我感到无助，甚至欲哭无泪。我常常在教室的一角独自叹息，常常在深夜辗转反侧无法入眠，也常常锁上房门放声痛哭。我不愿去面对这个阳光灿烂的世界，那灿烂的阳光对我来说是那么的刺目。我将自己紧锁在黑暗之中，让自己在痛苦的沼泽中慢慢沉没，自卑占据了我的内心。直到看了《无臂天使》，我明白了，无论身体是否健康，都要保持心灵的健康，这才是最重要的。只要心中还向往美好，世界就会变得美好。于是，面对同学，我勇敢地抬起了头，去直面他们异样的眼光。我轻轻地对自己说，不怕，勇敢面对吧。我努力让自己保持着微笑。此时，同学看我的目光竟又带了点惊讶。紧接着，我开始发奋学习。多少个日日夜夜的奋斗，多少辛勤的汗水，换来了学业上的优秀成绩。我相信，学业上的成功，会弥补这一外表上的缺陷；我相信，我已经开始飞翔；我相信，风雨后必有彩虹，现在正是黎明前最黑暗的时刻！

现在的我，内心也渐渐变得强大，因为我始终铭记那句话——"即使翅膀断了，心灵也要飞翔！"

086

一只蟋蟀的奇遇

潘　菁

在一个风和日丽的下午，生活在美国康涅狄格州的小蟋蟀柴斯特，循着香味跳进了一只装满食物的野餐篮子里，饱餐了一顿。不料乐极生悲，一块牛肉三明治压在了它的身上，动弹不得的它只得随着篮子被带上了前往纽约的火车。从此，开始了它始料未及的一段传奇之旅。

它幸运地认识了小老鼠塔克和憨厚仗义的猫亨利，还有小男孩马利欧。从此，它就在马利欧一家开在时代广场地铁车站的报摊住了下来。它先是晚上梦游把一张两块钱当成树叶啃了一半，又因邀请朋友朋友们开宴会把报摊点燃了……马利欧的妈妈忍无可忍，宣布要赶走它。可是，它在伤心时演出的乐曲使它成了名。但柴斯特并不快乐，它想念乡下自由自在的安静生活，它逐渐失去了歌唱的热情和兴趣。

　　最后，它终于回到了康涅狄格州，过上了和以前一样的生活。

　　这只有思想、有个性的蟋蟀总能转危为安，在每一个紧急关头，它的那几个好朋友塔克、亨利总会来帮它。啃掉的两块钱是喜欢收集各种各样的钱币的小老鼠凑齐的，那首使它免于被丢弃的命运的《重归苏莲托》是亨利提议学习的。它转危为安的原因是因为它获得了纯真友谊。它也启示我们：在学习的道路上，需要结伴而行。因为要想走得远，就得一群人走。

　　小蟋蟀柴斯特终于回到了故乡，是因为它不忘本心。它永远只向往它的家乡，繁华的纽约没能留住这只来自康涅狄格州乡下的天才音乐家的脚步，同样，名与利也拦不住。它想要帮助身边的人过着平淡而幸福的生活，于是，它用歌声来给那些不幸的人以希望，为他人的生活增添一抹亮色。它勇敢，机灵，不慕荣利。在朋友劝说下，它不为名利而留下。它不愿当别人的玩物，在每天的八点和四点演奏乐曲；它宁愿在乡下凉爽晴和的秋夜里，唱歌给土拨鼠、雉鸡、鸭子、野兔和牛蛙听，还要用歌声止住狐狸追杀兔子的脚步。终于，它回到了深爱的故乡，过上了它向往的生活。

　　这便是一只坚持本心的小蟋蟀的奇遇。它启示我们：心怀梦想，坚持梦想，终能到达远方。

勇敢，只需向前一步

王可馨

在一个伸手不见五指的夜晚，汤姆与他的好友在坟墓里探险，没想到竟发生了一件可怕的事情——他们目睹了杀人犯杀死了一名医生。他们在惶恐与担忧之中逃了出来……

杀人犯对于当时小镇，是非常可怕的人。而这个罪名被嫁祸到了另一个无辜的人彼得身上，没错，有人被陷害了。汤姆的心里万分纠结，恐惧让他不知道该怎么办。当法官将对彼得的罪行做出判决时，汤姆终于战胜了恐惧，指出了真正的凶手，保护了这个无辜的人。

汤姆面对生命的威胁，选择站了出来，这不仅仅需要一颗正直的心，更多的是需要勇敢、坚强和敢于挑战自己的勇气。

读完《汤姆索亚历险记》这本书，我不禁喜欢上汤姆。他令我敬佩，也让我汗颜。我是个常屈服于眼前困难的人，在选择面前，总喜欢挑平坦的大路。五年级时参加《小学生导读》竞赛，尽管我平时很认真地读这本杂志，但一听说要考一些难度较大的语数英综合题目，我顿时打了退堂鼓，老师好说歹说才把我劝回去了。即使坐在赛场上，我也没有信心，结果可想而知。在选择面前，我驻足不前。

一直以来，我都想改变自己。以前，我是一个十分内向的人。放假时也经常待在家里不出门，每天几乎只生活在自己的圈子里，不敢尝试一些新鲜的东西。看到别人骑自行车的时候，也十分羡慕，却从没想自己哪天也去学一学。直到六年级寒假，在同学的影响下我的性格渐渐活泼起来，也想过去学骑自行车，但还是踌躇不前。可当我看完《汤姆索亚历险记》时，有很大的震撼，更获得了启示：无论什么事都要勇敢，坚强，敢于挑战！我主动提出学骑自行车，尽管学的过程中跌倒过很多次，但只要一想起汤姆，内心似乎就变得强大起来，一路坚持了下去。后来，我又尝试了独自上街。在那一个寒假里，我成长了许多！爸爸妈妈看着我的变化，都特别高兴。这里有汤姆给予我的勇气，我也特别骄傲：原来，勇敢，只需向前一步。

在人生的道路上，我们也许不会遇到像汤姆那样的困境，但也会常常面对选择题，但只要我们内心强大起来，敢于挑战自己的内心，就可以勇敢地迈出第一步！

089

你是我心里的一首歌

洪樱桃

你是我心里的一首歌，有你我就会快乐，有你我就会感到充实。你是陪伴我成长的书籍，每次打开你，心中的旋律又会响起，书中的内容是它的主旋律，文字是它的歌词。书就是我心中的一首歌。

你是我心里的一首歌，翻开你，我就会感到快乐。在闲暇的时候，从书架上取下一本书，坐在书桌前，闻着那一阵阵清幽的墨香，读着书中的内容，心中的旋律响起，那些灵动的文字如同一个个小精灵跃入我的眼帘，带着我走进书的世界。读完了几篇优美的文章，窗外已是夕阳西下，恋恋不舍地将书放回书架，心中还在回荡着那优美的旋律。

你是我心里的一首歌，读懂你，我就会感到充实。每一本书都有它的内涵，总能教给我很多知识。因为有你，我明白了许多问题："天空为什么是蓝色的"，"花朵为什么五彩缤纷"，"彩虹为什么有七种颜色"……每当你告诉了我这些问题的答案，心中的歌就更欢快，我就会感到一种充实和满足，就会豁然开朗。因为有你，我学到了许多有用的知识。

你是我心里的一首歌，和你在一起，我就感到快乐，感到充实。每次翻开书本，心中那首熟悉的歌又会响起，环绕在心间。

书是我心里的一首歌，前奏是目录，主歌是书的主要内容，副歌是内容的尾声。这首歌在我的心中反复吟唱，一点一点地充实着我的生活，快乐着我的生活。我的生活因为这首歌而精彩万分。

书籍陪伴我成长

董明杰

"书籍是人类进步的阶梯"，这是高尔基说的一句话，我非常喜欢读书，书就是我的精神食粮。回首来时路的每一步，都有书籍伴随着我。

依稀记得，我的第一本书并不是"日、月、星、大、小……"的识字册，而是郑渊洁的一本《好孩子的故事》，是注音的，有的拼音没学过，都读成了它的偏旁，比如"饮"读成了"欠"，虽然这样，我还是兴致勃勃地把它读了下去，就这样，我看完了一本还想看，就养成了勤读书，爱读书的好习惯。

到了小学三四年级，又迷上了杨红樱的《笑猫日记》，记得当时一共出了十八本，我一下子让妈妈帮我买了下来，在看书这一方面，妈妈是从来不吝啬的。之后就盼着，出一本，买一本，我还幻想着自己的宠物也能像笑猫一样，有人的思想，还会笑。

知道我这四百多度的眼镜是怎样戴上的吗？呵呵，在五年级暑假，妈妈买回了一个大书架，又添了一百多本书，全是我看的，我一看，嘴巴都笑歪了。爸妈要上班，我整天遨游在书的海洋里，什么书都有：《西游记》《战争与和平》《钢铁是怎样炼成的》，等等，有时一天下来，妈妈回来了，把我从快要被书海淹没的情况下"救"了出来，我才发觉，我已经饿得"肚皮都贴着脊梁骨了"，就在这种情况下，我眼镜的度数日夜猛涨。

091

现在，我最爱看历史书，被英明的汉光武帝、汉景帝等人迷住了，汉高祖白登被围，我的心揪了起来，最后平安回朝了，我悬着的心才落了下来。

一路走来，是你伴我成长；一路走来，是你为我洒下阳光；一路走来，是你在我干枯时，给我雨露。

书籍，伴随着我成长。

笨小孩儿也会受老天喜爱

琴与我同行

胡 嫒

人的一生中，总会有人相伴，有物相随。他们伴随你度过每一天，不曾离你而去。他们与你共同面临这一切，快乐的，忧愁的，迷茫的……

当生气时，开心时，有百般情绪时，我都会向琴来诉说，并不是用言语来表达，而是用那优雅，富有韵味的琴声。

开心了，便弹上一首《井冈山上太阳红》，把心中的喜悦全部倾注到欢乐的琴声之中，去演绎这悠扬而婉转的歌曲，仿佛这琴与我融为一体了，相互默契地配合，演奏一曲完美的乐章。久久不能忘却。

忧愁无知音时，会抚琴弹那《高山流水》，缓慢的节拍，韵味十足的滑音，流水般清澈的刮奏……相互交织出一曲心灵之歌，如同伯牙和钟子期。我与琴，是那么的相偎相依，不可分离。

愤怒了，去弹一首《战台风》，开头便是重音，把心中所有的怒火集中到指尖上，一次性爆发出来，弹得激动人心。愤怒之歌也可以如此令人着迷，强烈的节奏感深深吸引了人心，为此沉醉。

当看到春天美好的风景时，又会去演奏春之歌，一曲《春到湘江》绝妙地描绘了春天。开头一段慢板以及轮指的配合，仿佛自己正站在无边无际的花海中，遍地小草，花朵儿，树上的小鸟美丽动听的歌声……嘴角不禁微微扬起，一阵风吹来，香气四溢，沉醉在韵味十足的古典乐曲中。

琴，便是我的知音，我的友人。在我快乐时，忧愁时，它总会陪伴着我，不离不弃。从我一开始学琴到如今，五年来不曾改变过，我与琴已融为一体。

琴，同我相伴，与我同行。

成长，无处不在

陈绪捷

093

成长是每个人必须经历的过程。成长是在不经意间悄悄开始的，它潜藏在时光中，与你我如影随形，又飘忽在时光中于你我身边转瞬而过。

岁月步移，成长的痕迹逐渐淡逸而出，错落在生活的每个角落。

这时我才发现：成长，无处不在。

我自小便喜欢看书，听故事。《安徒生童话》，《格林童话》，自然是少不了。只要是故事，我就来者不拒，那种充满罗曼蒂克式情怀的神秘故事，我读得津津有味。但随着知识、阅历的增加，我的书架不仅承载着可爱的童话了，还有更加深入的名家名作。我也不仅只看王子和公主如何幸福地生活了。我感受着朱自清对人对景的美的赞叹，远眺鲁迅"荷戟独彷徨"的身影，摩挲着傅雷父子泛黄家书中的浓浓的温情，沉浸在余秋雨在中国山水人文中的深刻剖析，寻觅着曹雪芹在"一纸荒唐言"中的"几把辛酸泪"。我汲汲体会文字的精妙，探索文化的精深，再看童话，也不只是像当初看得那样浅了。

古筝也是同样陪伴了我很久了的。当我刚开始接触它时，想来也新鲜好奇占了上风，起初我对它的感觉——是简简单单的，没有太大难度。但随着学习的深入，曲子难度自然也有所加大，练习必然更加繁复。练琴自然是要吃一番苦的，手指磨出水泡是常有的事。在反复之中，我已不只一味地要求练熟，更懂得弹琴若无情感共鸣，便算不上弹好琴。琴意是穿插在乐曲之中的情感。在曲中，林冲夜奔的悲愤无奈，伊犁河畔充满异域风情的欢乐歌舞，旅居他乡对故土太阳的怀念，渔舟唱晚的闲适情调，梅花三弄的清幽傲立，一音一曲皆有情。

成长总是如此隐秘。危急时的冷静表现，对事物的独特视角，甚至父母欣慰的眼神也预示了你的成长。

我在成长中游弋，且行且看。

094

爱在家中

许海洋

家人的爱往往是我们的精神支柱，带给我们信心和勇气，同时带给我们特别的温暖。

上周六下午，我爸爸去天润发超市买东西，买回来的除了家庭用品、学习文具，还有六支飞镖和一个又圆又沉的镖靶。看到飞镖和镖靶，我的眼睛一亮，一阵惊喜。

可是，我在飞镖上天赋不足，兴冲冲地射了一会儿，墙上就瞬间千疮百孔，不忍直视了。奶奶走过来看到这样的惨景，说："别射了，看这么白的墙上被你弄成什么样子了。"

奶奶的一番话顿时让我像泄了气的皮球。"玩的时候注意一点，尽量百发百中不就行了吗？"我不甘地说。"怎么百发百中呢？"这时，爸爸走进房间跟我说，"这还不简单？把镖头瞄准镖靶，然后手要酝酿酝酿，腿呈弓字步，最后再凭感觉一投，不就行了吗？"我虽然照着办，但有时候还是扔到墙上去。

爸爸实在看不下去了，跑来对我说："我也是醉了，这样都投不好，我来给你示范一遍，真是的。"于是爸爸给我示范了许多遍，可以说几乎就是百发百中了。爸爸让我再来一遍，我很无奈地模仿，结果是三镖两中，爸爸说："不错，不玩了，把你没有做完的作业赶紧做完吧。"我舒了一口气，把飞镖放到抽屉里去，然后去把我剩余的作业写完了。

天黑了，奶奶来喊我吃晚饭，我对奶奶得意地说："奶奶，刚才飞镖三镖两中，可以吧！"奶奶的脸上露出笑容，说："宝贝孙子，真不错！你练的时候小心一点儿，不要把飞镖扔到墙上了。"挂在房间门板背后的镖靶上，一圈一圈，上面布满一个一个小小的坑洞，就像月球上大大小小散乱的陨石坑，聚集在标靶两侧的坑洞，又像两个浅浅的小酒窝，对着我微笑。

顿时，我对掷飞镖充满了兴趣和信心，这离不开爸爸对我的鼓励和奶奶的称赞，我心里感觉到了一阵阵的温暖，这就是家人的爱带来的，它陪伴我成长。

爱在妈妈的手上

钟雯婕

在我的记忆中，妈妈的手陪伴着我走过了一个个春夏秋冬。这双手，牵着我走路，教会我写字；这双手，为我洗衣服，又为我扇凉风。这双手，为我做了太多太多……

在我的记忆中，妈妈的这双手又白又嫩。我以为妈妈的手永远都会这样，然而，现实却把我敲醒了——

一个冬天的下午，我放学回家，把不小心弄脏的衣服给了妈妈，却看见妈妈那冻红了的手，那不是我记忆中又白又嫩的手。随着哗啦啦的水声，妈妈开始搓洗我的衣服，那双手在冷水的刺激下红得更厉害了，我刚想走开，却看见妈妈在往自己的手上哈气，零下五六度的气温，这点热气没有丝毫的作用。那双手早就冻僵了，但她还坚持搓洗着我的衣服，明明可以用洗衣机洗，可我的衣服她总是手洗。看着那双冻红冻僵了的手，我的眼圈红了。衣服洗好了，妈妈将这双手塞进了口袋，可还没焐热，又为我做饭。

每年的梅雨季，妈妈的手都会开裂，这是过敏现象。医生说让妈妈少碰肥皂、洗衣粉这类东西，可妈妈仍旧像以前那样，洗衣、洗碗之类的家务一样没少做。这双手，一天比一天裂得厉害了，戴手套擦药都不见好。我心疼极了。我也曾经劝过妈妈，可是她还是照做，我

也只好作罢。妈妈，我多想对您说：您用这双手捧着我，呵护着我，现在我长大了，有些事可以自己做了，您好好保养一下这双手吧。

时光流逝，妈妈，您的手虽然失去了光彩，可我从这双手中体会到了您太多的爱。我爱妈妈的手，我也爱妈妈给予我的一切，但我更爱妈妈！

爱在唠叨中

翁寿帆

我的生活离不开妈妈的唠叨声，有时是和风细雨般的唠叨，有时是狂风暴雨般的唠叨……不信，你听。

"帆帆，起床了！"一阵唠叨把我从美梦中吵醒，我只好极不情愿地爬起来，闭着眼，慢吞吞地穿衣服，耳边又传来了妈妈的唠叨声："能不能快点，要迟到了！"等我背起书包出门时，妈妈又站在门口，唠叨着："上学过马路注意车子……"我一听，跑得比兔子还快，跑到楼下依然听见妈妈不放心的唠叨。可怜我的耳朵听到这些唠叨都成千上万遍了，也真难为它们了！

好不容易耳根清净了一上午，我终于回到家，书包随手一甩，妈妈的唠叨又来了："洗手，吃饭时动作快点儿，中午要抓紧时间休息……"就像《大话西游》中的唐僧念经一样，每天都是一样的话题，简直就是挥之不去的噩梦！不在沉默里爆发，就在沉默里灭亡，我突然一下子站起来："吵死了！我都十几岁了你能不能不那么烦人？"妈妈被我的话噎住了，她看了我一眼，不说话了，慢慢地坐下，默默地埋头吃饭。

晚上做作业时，终于没有妈妈的唠叨声了，我的房间里一下子变得安静下来，静得只有我的笔尖发出的"沙沙"声和写字桌旁小闹钟的"滴答"声，我却有点不适应，总觉得少了点儿什么。趁着上厕所的时候，偷偷地去隔壁房间，我愣住了，原来妈妈正在翻看我小时候的照片。

回到房间，我仔细回想中午发生的事，明白了我不懂事的顶撞带给妈妈的伤害。我认为自己长大了，可是在妈妈眼里不论我长到多大，都还是孩子，其实用心体会一下，这一声声唠叨包含了她对我深深的爱。想到这里，我鼓起勇气向隔壁房间走去，我要对她说："妈妈，对不起！我还想听听你的唠叨，我想在你爱的唠叨中度过幸福而又温暖的每一天！"

我已经渐渐长大，我也要给妈妈一些爱的唠叨，穿高跟鞋上下楼注意安全，上下班骑车慢一点儿，我也要让妈妈在我的"唠叨"中度过平安踏实的每一天。

我的"微"生活

　　我翻了翻以前写过的许多东西，能明显感觉到自己长大了许多。当翻到一篇全部只有五个字的博文"学习好累哦"的时候，我不禁笑了起来，当时的自己恐怕怎么也想不到现在的学习会更累吧！一段段的小句子在眼前划过，让我想起了这一年来的点点滴滴。我想：微博就是记录了我的生活和生活体验的一本成长故事集吧。

　　搓搓手，我又开始了我的"微"生活……

我的"微"生活

陶云波

　　大清早，穿着宽大睡衣的我搓着手晃到了电脑前，摁下开机按钮。即使只有三十几秒的时间，我还是不忘抱怨一下这寒冷的天气。

　　不一会儿的工夫，电脑就启动完成了。宽带连接，打开QQ，处理一些琐碎的小事，之后我便把注意力放在了迷上一年多的微博上。

　　要说我是怎么迷上写微博的，得从一年前谈起。

　　那时候才上五年级，学习任务还不是太繁重，于是我就经常上QQ和同学聊天，虽说我们大家是抬头不见低头见，但也许上网聊天更加"有气氛"吧，在一天的忙碌学习之后，我总会和一些玩得来的朋友畅谈一番。不知是哪一次，同学在群里要我注册个微博。我本来是想说自己没空去弄的，但同学又说花不了多长时间，而且大家都在玩，我便又答应了下来。从此便开始了我的"微"生活。

　　为了不让自己的微博人气输给同学，我坚持写一些心得、体会、感受之类的文字，并且积极转发写得好点的博文，看着自己的微博人气逐渐旺了起来，我暗自得意。

　　时间久了，我忽然又觉得关注人数什么的并不是太重要了。这就像我以前玩过的一款款游戏一样，刚开始我是小菜鸟，希望有一天能玩到顶级成为高手，于是就努力地重复一个游戏模式，也不管是无聊还是好玩，就只想快点升级。但当我玩到级数比较高的时候，让我坚持玩下去的那股想玩得更好的信念就消失了，我就会忽然认为这游戏无聊，然后寻找新的游戏。

当时写微博的时候，我认为自己又会像对待游戏一样对待它，但事实并非如此。

我开始习惯打开属于我的那个网页，然后去发表一些小玩意，也许并不像刚开始那样狂热，但我仍在坚持，因为我觉得写微博本身就是件轻松愉快的事，不需要绞尽脑汁去构思，不需要挖空心思去选材，更不需要发表什么长篇大论。只是记录一些小事，或是一些小心情，这样便能和朋友分享快乐，为将来留下回忆。

周末，我翻了翻以前写过的许多东西，能明显感觉到自己长大了许多。当翻到一篇全部只有五个字的博文"学习好累哦"的时候，我不禁笑了起来，当时的自己恐怕怎么也想不到现在的学习会更累吧！一段段的小句子在眼前划过，让我想起了这一年来的点点滴滴。我想：微博就是记录了我的生活和生活体验的一本成长故事集吧。

搓搓手，我又开始了我的"微"生活……

101

第一次下棋

毕元琪

人生中有许许多多的第一次，如第一次练毛笔字，第一次学弹乐器，第一次取得好成绩……这些事情中，有的随着岁月的冲刷，变得模糊不清，或早已被我们所忘记。可我第一次下象棋的情景，却记忆犹新。

那是一个闷热的下午，我们放假待在家里，没有同学的陪伴，也太无聊了。"不如我们来下盘象棋吧！"爸爸提议。反正闲着也是闲着，还不如做点事情来打发时间。

可一见到象棋，我就失望了，几个光滑平整的木块，上面刻着红或者黑色的字。何止是单调。这还不好摆弄？我二话不说，就把棋子摆在棋盘格子当中，自信地说："开始吧！"爸爸却笑道："一支部队是有自己的阵容的，像你这样，不就成了乌合之众了吗？"他摆好了象棋，并告诉我规则。我心里还是不服气，走着瞧吧！我调动"部队"，一窝蜂地涌进了敌军阵地，面对我的攻势，爸爸却能从容轻易地化解。渐渐地，我发现自己动棋开始不怎么顺手了，想进又进不去，想退又退不得，真是骑虎难下。爸爸兵来将挡水来土掩，很快就包围了我，可并不急着进攻。我左右为难，只得求助，他这才向我点明了突围之术。一连下了好几盘，我才熟练些。于是，真正的较量开始了。那棋盘仿佛成了我们真正的战场，在平静的线格中，却杀机四伏。我指挥的军队，个个精神抖擞，昂首挺立。刹那间，飞沙走石，我方部队"上将横行系四方，辎车直入无回翔"。而爸爸也不甘示弱："马行二步鸿沟渡，将守三宫细柳营。摆阵出车当要路，隔河飞炮破重城"。眼看我就要输了，却又不甘心放弃，"山重水复疑无路"，却"柳暗花明又一村"，我及时抓住了机会，"一卒功成见太平"，终于战胜了爸爸。

其实生活也和象棋一样，有着重重困难，但"信心比黄金还重要"！，只要我们坚定信念，不断努力，就一定能成功！

第一次和爸爸下象棋的情景，深深地刻在了我的脑海中。

那是一次艰辛的尝试

崔宏宇

一个人成长的道路上，会经历无数次的尝试。尝试过后，有成功带给你的快乐体验，也有伴随而来的挫败气馁，更有艰辛付出而收获到的巨大成就感。在生活中，我们每个人都要学着去尝试，一些事只有尝试后，才能得到属于自己的独特体会。

今年九月份，新的一学期就要开始了。我心里特别想有一辆属于自己的自行车，也能像哥哥姐姐们一样骑车上学。可爸爸说："你要是能在期末考试中考个好成绩，就给你买辆自行车。"我知道爸爸这样说的用意，担心我还小，街上车辆多，行人多，或是想让我用心在学习上吧。我也只好把希望寄托在期末考试上。考试成绩很快就发布了，达到了爸爸的要求，我便央求爸爸给我买自行车，兑现他的诺言。果然，爸爸欣然答应暑假给我买车，教我骑车。

梦寐以求的日子终于到了。爸爸骑着刚买来的新车，在楼下叫我下来。"哇，好漂亮的自行车。"这是一辆黑色的变速车，它大杆上的漆面和车轮的钢圈，在阳光的照射下熠熠生辉。我迫不及待地骑了上去，可脚刚踏上踏板，还没发力，就摔了个四脚朝天。我爬起来，揉揉摔痛的双腿，真想大哭一场。爸爸扶着我说："你太大意，吃亏了吧，要慢一点儿……"我一边忍着痛，一边想着自己学会骑车

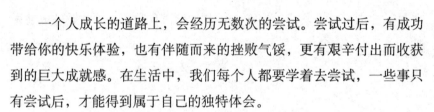

去上学神气的样子，也不知道爸爸说了些什么。我坚信"坚持就是胜利"，就求爸爸教我骑。爸爸坐上车，在小区的空地上骑了好几个来回，我在旁边仔细地看着。别看自行车结构简单，它里面学问可大着呢！原来，骑车讲究挺直腰杆，扶稳龙头，两脚还要协调配合好。我忍着痛坐上车，也学着爸爸骑车的样子骑起来，可是还是不断地跌倒。

终于，功夫不负有心人，在爸爸的扶持下，经过无数次艰辛的尝试，我终于能独自骑一段路了。虽然只是那么一段很短的路程，但是我还是特别享受这个过程。

这次学骑自行车的艰辛尝试，让我懂得了，无论做什么事，只要敢于尝试，勇于坚持，你终会从中享受到有耕耘必有收获的成功乐趣。

104

文字伴我行

郑晓涵

你常常在想，有没有人会拾起你十二岁时的印记，刻进他的生命里；你常常问自己，多年后，是否还会有人来重温你的昨日；你不知道，是否还会有人愿意翻开你的曾经，对着斑驳的某页泪如雨下。你知道，除了你自己，你再不会是任何人的唯一。

有一个女孩儿曾说过，她是那种就算站在最繁华的地方也会感到孤独的人。那，你又何尝不是呢？她说，她是那种只活在心里的人。

那，你又何尝不是呢？没有人知道，你是那样地害怕黑夜，华灯落下，寂静涌上，你的身边再无别人。没有人知道，你是那样的害怕直视自己的眼睛，揭去伪装，撕下微笑，所被遮掩住的，是无尽的落寞与孤单。

不过，好在你还有一支笔。

你是那么喜欢清雅如水，精致如斯的文字，你是那么喜欢看这些纯净的文字从你的指尖流出，汇成一条巨大的河流，在你面前汹涌而过。当所有的文字退去精致和修饰时，剩下的就只是干净而纯粹的心声了。你伸出右手，告诉自己，从今以后，你的笔下只能流淌出这样清灵纯净的文字，然后，方不负此生。

你告诉自己，不管有没有读者，你都要一直写下去，你告诉自己，就算有一天，你离开了，你只能把自己葬在文字里，以别旧时光，然后，带上你的笔，一直写下去，因为，这就是你全部的世界。若有一天，你的指尖再也流不出那些清静的文字，那么你所谓的安稳人生也只剩下了孤寂和凄凉。

你说，就算全世界的人都将你遗忘，你也只会付之一笑，因为你知道，至少你的手里还有一支笔，还有温暖的笔尖划过纸张留下清晰印记所勾画出的鲜活轮廓。你不知道，还会不会有人为了你的莞尔而微笑，为了你的冷漠而寂寥，为了你的哽咽而号啕，你想，怕是只有你自己了罢。

当时光转身，世上必定早已物是人非。你多么希望，待到那个时候，你的文字还能保留最初的洁净，还能留有一缕纯白。文学于你而言，犹如最为香甜的糖果，而你，则是那个不谙世事的孩子，失了它，你又该如何微笑？恒河流砂，岁月如花，若干年的潮起潮落后，唯有文字还能保留最初的模样。为了文字而活，于你而言，此生无憾。

停下略有些酸的手腕，望向远方。此刻，正是满天星斗，它们历

我的「微」生活

经千年而光彩依旧，你多么希望，多么希望自己的文字也能有如斯的力量！

今天，在这里，你告诉自己，亦是告诉笔下如流水般潺潺的文字，此生，不负风月不负卿。

于是，你轻轻写下一行字

——我已亭亭，与文字相伴，无忧亦无惧。

星空下的遐想

董 旻

106

星空对于我们每个人来说都是美好的，闪烁的，是令人向往的。我坐在门前抬头仰望天空，天空中有一颗最亮的星星，旁边围着许多小星星，一二三……我静静地数着，仿佛这每一颗星星都在对我说话。

我走进它们的世界，我看到的是美好，它们眨着眼睛，闪烁着星光，我真的好羡慕它们的世界。我想像它们那样受到所有人的关注，我更期盼着爷爷奶奶的疼爱。

但是这只是我的遐想而已，现实却是那般无奈。爸爸是爷爷奶奶最小的孩子，那当然我也是最小的，可是去年却莫名其妙地多了一个小弟弟，本来就不被关注的我这下更是雪上加霜了。哥哥姐姐都考上大学了，那一个弟弟还早，大家都把目光聚集到我身上。当我每次去吃饭的时候，都让我想找一个地缝钻进去。

那次，一家人在一起吃饭，奶奶让我等他们全部吃完，才让我吃。我不明白，又不敢反抗，只有乖乖地等着，他们在桌子上有笑有说的，而我只能眼巴巴地看着，那时我真的很想发火。这时话题竟然转到我身上来了。我在任何人的面前都不喜欢言语，不管何时何地都安静地跟在大人后面，他们都觉得我很没用，每一次考试成绩都在及格线边缘徘徊，没有一次可以大幅度进步。于是，爷爷奶奶都说，你哥哥姐姐在学校里成绩都很好，以后你家小宝宝肯定也很厉害，你也要向他们学习。接着他们又在那儿讲我没礼貌，不爱运动，总之，每次都会挑上一大堆毛病。如果哥哥姐姐都在，那就更惨了，他们就会在我面前只夸他们，我就如同空气。十几年下来，我也习惯了。

很多人都说那是一种严厉的爱，可是当你置身其间，你就能体会到我的心情了。但我也想得到赞扬，我也想得到一次他们的疼爱，想知道爷爷奶奶的爱是什么样的，哪怕一次也好。

晚上，我趴在阳台上，仰望着星空。那颗最亮的星星让我脑海中浮现出了一幅画面：我在爷爷奶奶的怀抱里开心地笑，话语间都透着温暖，吃饭的时候他们一个劲地往我碗里夹菜，还不时地说："多吃点，现在正在长身体的时候。"我还看到爷爷奶奶在家人面前对我那般关心的眼神。可是这只是我的遐想而已。

107

有爷爷奶奶疼爱的孩子，他的天空应该是星光闪闪的吧，它是记忆中最亮的星吧，是星空中最幸福的星吧！而我的星空只剩下漆黑一片，只有眼角的泪水和美好的遐想才能触手可得吧，真正的疼爱应该是我内心的幻想罢了。

现在，我上六年级了，那天在班会课上，老师说了"爱之深，恨之切"，我突然明白了爷爷奶奶的心，他们的冷淡也是一种爱的方式吧。因此，我开始改变自己，经常向老师问问题，我知道，进步不是一件容易的事，但只要努力，终究会有进步。

我相信，有一天，我也能成为那颗受人关注的星，也会得到爷爷

为梦想画上三色花

周　航

梦想，是每个人人生中的必备品，我也不例外。今天，我想给我的梦想画上一朵三色花，让我的梦想如花一样绽放。

108

红色——拼搏

人人都有梦想，但能够让梦想之光照进现实的人却少之又少，为什么？因为少了拼搏。

我曾经学了三年游泳，却依旧是个旱鸭子，但忽的一天，我突然学会了游泳。三年中，每天我都抱着游泳圈，自从第一次被深不可测的水流淹没头顶，我就再也没有离开过游泳圈。直到那天，父亲对我说："你如果真想学会游泳，不被水呛几次是不可能的。"于是，我尝试放开了游泳圈，缓缓下了水，离开扶台，还不待我前进，身体就像被一只无形的大手抓住了，不可避免地向下沉去，手脚胡乱地扑腾，直到被父亲捞起，我才体会到空气多么美好。看着父亲鼓励的目光，我心中仿佛涌起了一团火，任水流冰冷，也无法将它浇灭。一次，两次，三次……不记得试了多少次，也不记得过了多久，只是手

脚泡得发白，眼珠浸得通红，我的身体似乎渐渐与水相交融，我可以的，一米，两米，三米，我终于可以自由地在水中游动，畅快无比。

我为自己画上了红色的花瓣，它代表着拼搏。无论面对多么巨大的困难，都要有拼搏的勇气。

蓝色——冷静

细节决定成败，一个毛糙的人永远无法成功，只有耐心冷静的人才能看见成功的花儿开放。

在池塘边坐着一个少年，手握一根鱼竿，如同老僧入定一般动也不动，直到浮标微动，双眼骤然瞪大，手中鱼竿却是不同，直到浮标猛的下沉，手一拎，一条鱼儿破水而出，身躯还在无力的挣扎。那个少年就是我，曾经的我就像那只著名的猫一样，一会儿捉蝴蝶，一会儿追蜻蜓，不能静下心来，看见爸爸钓到鱼只有羡慕的份儿。是爸爸教会了我做事要冷静，要有耐心。

我为自己画上了蓝色的花瓣，它代表着冷静。有了梦想，还需要冷静，它能让我在面对诱惑时不迷失自我。

黄色——果断

当断不断，必受其乱，一个优柔寡断的人又如何能实现自己的梦想？

我自小练习击剑，从八岁开始，我就深得教练"宠爱"，不仅仅是因为与常人不同的左手剑，更是因为我的果断。在赛场上，我不轻易出击，但只要是出手，哪怕给对手留有破绽，我的剑也会先刺到对手的身上，要出手，就不留后路。

我为自己画上了黄色的花瓣，它代表着果断。在追逐梦想的路上，果断必不可缺。

今天，我为我的梦想画上一朵美丽的三色花。当三色花盛开之时，就是我的梦想实现之日。

难忘的一天

钟雯婕

9月21日，一个极其平常的日子，但对我来说却是难忘的一天。

早晨和往常一样，我背着书包来到学校开始了一天的学习。晨读之后，老师示意我们安静下来："下面我来公布一个好消息……"我的心顿时充满了期待，便满怀好奇地听下去，"我们班有五位同学的作文在《大江晚报》上发表了，他们分别是张荣琦、刘畅、马云龙、汤航天……"我的心也提到嗓子眼了，老师也让我发了电子稿给她，那最后一个会不会是我呢？就在这时，只听见老师报了最后一个名字"翁寿帆"，我的心情一下跌入谷底。为什么没有我？我的作文有哪些不好？我小声地嘀咕着。带着这种困惑难过的心情度过了上午的三节课。

中午放学回家，我把这个坏消息告诉了爸爸。爸爸安慰我说："失败并不可怕，你一定不要灰心，加油，我相信你一定能行！"我也幡然醒悟，人生的路还很长，这一点点小小的挫折怕什么，这只是一个开始。

下午英语考试之后，老师将发表了的文章贴在墙上，我立即走过去欣赏，这才发现他们写的《名字的故事》重点写出了取名字的经过，而且写得活泼生动，有的还比较幽默，这些都是我的不足。看完了文章，我颇有感触，也大抵知道了自己的文章与同学的差距：我的文章平淡无味，他们的文章生动有趣，心里的疑惑全都解决了，未免还是有些失落，毕竟我是副班长，要起带头作用，一切都要走在同学们的前面，可他们发表了文章，我却没有，这真是……这时，忽然听见老师叫我，我走到老师跟前，老师温和地对我说："钟雯婕，你的这篇文章没有修改好，我让你把同学们给你起外号的内容写具体，可你还是一带而过，这样故事性就不强了……"我顿时明白了自己的作文没有选上的真正原因，我不再感到遗憾。

放学回家，我不再失落，因为我知道，这只是个开始！机会是自己争取来的，我一定要多读书，多写作，努力让自己的文章也发表。

9月21日，这一天让我难忘，因为我定下了一个目标，也获得了成长！

111

纸 飞 机

何 瑾

对于纸飞机我有种特殊的情感。一直迷恋着它，可却无法叠出心目中那架完美的纸飞机。心目中的纸飞机，不仅外形好看，更能载着自己的心愿向远处飞去……心目中的纸飞机一直无法叠出，于是我便喜欢看别人从楼上往下扔纸飞机的画面：那时的纸飞机似乎成了一架真的飞机，在空中划过一道优美的弧线，飘然落下……那种洒脱，那份飘逸，常给我带来无限的遐想。心目中的纸飞机，会比这更美丽吧？我常沉浸在美梦中。纸飞机，它会带走忧伤，带去问候。

小时候，曾经最爱听《纸飞机》这手首歌，那时候我对歌词的含义并不理解，只是喜欢那自己也说不清的感觉，于是我向往着那纸飞机到处飞舞的画面，所以这些年来我一直在寻找着那份感觉。当我看到那从天而降的飞舞着的纸飞机时，我明白我找到了那份感觉。那一刻，我多么希望能够与纸飞机融为一体。纸飞机落下的那一刻，我曾为它们悲哀过，伤心过。可是后来我明白了，现实中的纸飞机终有落下的那一刻，理想中的纸飞机却会载着你的梦飞向远方！

多年后的今天，坐在毕业班的教室里，想着相聚的时光短暂，明年的六月便将唱响骊歌，我突然明白了《纸飞机》歌词的含义，那是对一个人的思念，那是对未来相遇的渴望。

纸飞机漫天飞舞着。纸飞机，愿你在蓝天上永不停息地飞吧，载着我所有的梦想和期望！

心目中的纸飞机已然起飞了，正向梦想的天空飞去……

112

慢慢地，我懂了

杨　瑞

这个星期我既开心又伤心，开心的是这个星期过得还不错，伤心的是妈妈出差了。

妈妈出差对我来说可真不是什么好事情，因为这个星期就要和爸爸一起度过了。我可讨厌和爸爸在一起了，但是妈妈又不能不去，于是我只好忍着了。一直以来，都是妈妈管我，给我做饭，陪我做作业。爸爸总是很忙，很少有时间陪我，慢慢地，我早已习惯了妈妈的陪伴。没想到，爸爸陪我度过的这个星期里其实是挺快乐的。

　　每天晚上做作业时，特别是数学作业，当我有题目不懂或不会做时，爸爸总会和我一起探究这道题，告诉我解题的方法，耐心地和我讲解，直到我弄得一清二楚为止。妈妈平时是不会给我讲题目的，因为妈妈的数学并不是很好，所以她平时经常用手机搜后再告诉我。爸爸就不一样了，他有时还会教我一些简便的解题方法，让我从中学会了许多许多的知识。

　　这个周末，爸爸还陪我一起去学校打篮球，打得可快活啦！我们一起和其他人打比赛，打完篮球又去操场上跑步、跳绳，我们玩跳绳比赛，看谁跳得多。跳完绳又开始跑步，跑了一圈又一圈别提有多开心呢！妈妈在家的时候她很懒，每次要她出去，她都不愿意，硬拉也拉不出去，但爸爸却会欣然和我一起去运动。

113

　　但是我还是很想妈妈，每天都要打电话给她，好像一天没有听到妈妈的声音就像是少了些什么一样，陈寿说："一日无书，百事荒芜。"而我认为："一日无母，百事荒芜。"妈妈对我来说很重要。但慢慢地，我发现，其实和爸爸在一起生活也挺好的，和爸爸在一起我学会了许多知识，在和爸爸打篮球的时候，我也收获了运动的快乐，我还是挺喜欢和爸爸在一起生活的感觉的。

　　这个星期我过得还不错，而且我也慢慢地懂得了，爸爸不是不想管我，他是个警察，工作太忙了，所以才顾不上家。我长大了，才知道应该多理解爸爸。

我努力读懂父亲

王朝伟

　　小时候，总觉得爸爸很高大；长大了，觉得也不过如此。小时候，总以为爸爸在外面东奔西跑，说他不顾家；长大了，才理解他，知道他也有苦衷。

　　五六岁时，爸爸生意失败，家中一落千丈，很穷。爸爸只能出去重新打拼。那时候，爸爸有时一个月都不能回一次家。妈妈独自带着我和姐姐生活，十分辛苦。一个人常常忙不过来，只好请邻居帮忙照应。爸爸时不时还打电话冲妈妈发脾气。有一次，我半夜起来看见妈妈站在窗前哭泣。那时候的我，恨透了爸爸！自己在外逍遥快活，不顾一家子。于是，他每次回家的时候，我都是对他横眉冷对。

　　后来，考到一中的姐姐要到湾沚上学。那时家中光景也好过了许多，妈妈考虑到姐姐一人在湾沚读书不放心。就在湾沚租了一个房子，把我转到城里上学，她也成了陪读妈妈。但是爸爸还是不怎么回来，电话也不多打。我也习惯了爸爸不在家的日子。

　　我十岁的时候，家中经济渐渐好转了起来。爸爸回来的次数也慢慢地增多了。渐渐长大的我，还是不太能理解爸爸，觉得他对我不闻不问，他在我的世界里就是过客一类的角色。我和他越来越生疏，甚至对他深怀怨恨，为什么别人的爸爸牵着儿子的手上下学，开车带着儿子去玩？为什么你从来就不？每次回来总对我说，他不在家时，我就是家中唯一的男人，要我不能惹妈妈生气，要学会保护妈妈，并且问问我的学习情况。每当听到那些话，我就会想，你不关心我，只知道学习，还要我做这个做那个。

直到那一次，我才理解了爸爸：知道他有那么多苦都不曾说出，那么多泪在心中流淌，那么多艰难自己扛着。那天晚上，看到我对爸爸不冷不热的态度，大哥把我拉到一边对我说，你爸爸在外面闯，为的是什么，那就是为了你有一个好的生活环境。他曾经连一包烟都买不起，你可知道？他曾经睡在街头你知道不？现在你家又起来了，家业也慢慢地壮大，你穿得好，吃得好，住得好，全是你爸爸在外面流血流汗换来的。他当初要是不出去闯，你们一家又吃什么？朝伟，你长大了，我相信你能理解你的爸爸……听了大哥的话，我哭了，我恨自己当初不懂事，没能理解爸爸……我，太自私了！

现在，爸爸依然是来去匆匆，很少在家，可是我已经渐渐理解了爸爸，我知道他都是为了我们这个家。爸爸，我想对您说：您是最好的爸爸！您是我的骄傲！虽然我现在还是不够懂你，但我会努力读懂你。

我读懂了母爱

奚雨莹

记得小时候，我最喜欢唱的歌是《世上只有妈妈好》，最常背的

我的「微」生活

诗是《游子吟》。那时我也总是固执地认为：母爱一定是歌和诗中那样温柔细腻，无微不至。

于是，当我跌倒时，我会毫不犹豫地放声大哭，等着妈妈的搀扶；遇到困难时，我会用无助的眼光看着妈妈，等待妈妈的帮助；学习溜冰时，我总是用期盼的眼光看着妈妈，希望妈妈拉着我……但每一次，我都是事与愿违。跌倒时，妈妈只会淡淡地说一句"这有什么，自己爬起来"；遇到困难时，妈妈总让我自己解决；溜冰，我更是独自迈开第一步的……每当这时，我总会生气地想：哼，对我这么冷酷，她一定不爱我。随着时光的流逝，这种想法在我的脑子里变得根深蒂固。于是，我开始和妈妈唱反腔：她说东，我偏往西；她说南，我偏往北……看到妈妈失望的眼神，我总是装出一副满不在乎的神情，反正，你不爱我。

就这样，一直到了那年春节——

正月初三那天，爸爸妈妈因为有事必须去外婆家，我由于前一天晚上吃多了，积了食，只好一个人留在家里。躺在床上，我昏昏沉沉的，胃里一阵阵痉挛，真难受啊！我挣扎着起了床，倒了杯水，有一口没一口地喝着。"丁零零……"电话铃急促地响了，我无力地拿起话筒，里面传来妈妈的声音："莹莹，怎么样了？""还好。""要多喝点水，不能吃东西……""知道了。"我不耐烦地打断妈妈的话，挂了电话，打开电视看了起来。大概过了一个小时左右，电话又响了，拿起话筒，又传来妈妈的声音，话语里充满了关切，又有一丝焦急。这样的电话每隔一小时就会响起一次，电话被拿起，放下，放下，又拿起……听着内容几乎完全一样的电话，好像有一股暖流传遍了我的全身。渐渐地，身体的不适感也消失了。

床头柜上，摆放着我和妈妈的合影，妈妈抱着我，脸上洋溢着幸福的微笑……看着看着，往事一幕幕浮现在眼前：

幼时的我，每晚睡觉前都缠着妈妈给我讲故事，妈妈总是不厌其烦地用她那温柔的声音给我读童话故事；长大后，又送我学钢琴，陪我打篮球……我跌倒了，妈妈让我自己站起来，这是要我坚强些啊；遇到困难，妈妈不帮助我，是为了让我不依赖他人……这也是爱啊！

我终于读懂了母爱！

母爱就是你跌倒时激励的话语，母爱就是你遇到困难时鼓励的眼神，母爱就是你生病时焦急的问候。

天底下最幸福的事也许就是沐浴在母爱里。

为妈妈画上

陶　琳

小时候，曾看过《神笔马良》的故事，马良的神笔能够画什么就获得什么。我常想：如果我有马良的神笔，那么该用来干什么呢？

如果我真的有马良的神笔，可以为世界万物画上精彩的一笔，或为蓝天，或为大地，不，这些都不是我想要的。我真正想要的是为妈妈画上精彩的一笔。我想为妈妈画上美丽的容颜。岁月带走了妈妈美丽的容颜，看看，妈妈额头上有了皱纹，两鬓的白发越来越多，染了多少次都没有效果，各种斑点也悄悄地爬上了她的脸颊。这些都是因为我才有的，因为平时妈妈教导我时，我总是嫌她唠叨，啰嗦，甚至与她斗嘴，真是太不应该了。所以我要为她画上美丽的容颜，让她永远不会衰老。我想为妈妈画上几套华丽的的衣服。家里虽说不上富裕，买衣服的钱总还是有的。妈妈也爱逛街，但总是空手而归，为了

我的「微」生活

让我有更好的读书环境，为了我穿得好、吃得有营养，她不惜看着那一件件好看的衣服转身离去。妈妈穿得很朴素，她省下买衣服的钱全花在了我的身上。我常想，妈妈看着橱窗里的衣服，是否有些心动；妈妈看衣服标价是否又像是在心头落了一盆凉水，不舍终究还是离去？现在，我就要将那些不可能的变为事实，拿起神笔，给妈妈画上华丽的衣服，让她享受美丽的人生。

我还想为妈妈画上三头六臂。你肯定会感到奇怪，难道我想让妈妈变成怪物？如果你知道我妈妈有多辛苦就不会奇怪了。因为爸爸身体不好，所以妈妈做了两份工作，其中一份工作却是从晚上8点到早上8点，上班还不许睡觉，这需要多么大的意志力才能够坚持下来呢？熬夜，对妈妈来说是家常便饭，她眼下的黑眼圈一天天的加重，可怕得都认不出了。如果妈妈能拥有三头六臂，她就会变得强大起来，也不会太辛苦了。所以，我要给妈妈画上三头六臂，让她拥有超能力。我想要给妈妈画上的还有很多很多，可我也知道，我无法拥有神话故事中的神笔，我所能做的只是多一点努力，让妈妈少为我操心。

邻居家的孩子

程大炯

小时候，妈妈总会和我讲"邻居家的孩子多么有出息"、"邻居家的孩子考取了市一中自主招生A班"。我于是一直很好奇，这个

"邻居家的孩子"怎么这么厉害？可每当我向妈妈提出要见这个邻居家的孩子，妈妈总是一笑而过。

　　渐渐地，我从妈妈那儿听到了更多关于"邻居家的孩子"的逸闻，诸如"五岁就能将许多古诗倒背如流""七岁就能帮父母上街购物"等。每当妈妈说起那个"邻居家的孩子"时，我就自愧不如。我开始努力做好每一件事，无论是学习上，还是生活上。记得七岁那年，当我终于掌握两百个单词时，我得意洋洋地冲到妈妈身边，难捺心中的兴奋："妈妈，我掌握了两百个英文单词啦！瞧，我是不是比那个邻居家的孩子厉害呢？"妈妈却只是微微一笑，对我说："傻孩子，邻居家的孩子在你这么大的时候，都能背《新概念》上的课文啦，他那时都掌握了五百个单词了。""哦。"我落寞地说道，随即跑到卧室，瘫倒在床上。我是个要强的孩子，那一天，我不甘地哭了。但从此，我却更加努力了。我暗暗发誓：一定要超过那个"邻居家的孩子"。

　　十岁那年，在跟同学聊天时，我不经意地说起邻居家孩子的故事，这才发现，原来生活在邻居家孩子的阴影下的人，并不止我一个，每个人都感受着被他支配的恐惧。我们组成了一个小分队，去寻找那个传说中"邻居家的孩子"，去挑战他，让他知道我们已经今非昔比了。我们四处打听这个邻居家的孩子的住处，却被当成是"疯子"，无功而返。我们很困惑，为什么我们没有找到这个叫"邻居家的孩子"的人呢？这个问题困扰了我一年。

　　后来我才知道，这个传说中"邻居家的孩子"不过是父母鞭策我们的一种方式。那时我很失望，我还想和他比试比试呢。

　　现在的我快上中学了，每当想到这个"邻居家的孩子"，我还是非常感谢，因为他引领了我的成长。我也欣喜地发现，妈妈的口中已很少出现"邻居家的孩子"了。

　　邻居家的孩子，我想对你说，如果没有你给我的压力，我绝不可能会付出这么多的努力，也绝不会不断超越自己。

这个人物有点儿牛

崔莹馨

　　她留着乌黑茂密的锅盖头，似乎是为了专门把智慧严严实实的盖住，不让其溜走而特地准备的，一双炯炯有神的大眼隐藏在刘海之下，锋芒毕露，好似能看透人心。她，就是我的同学后天。

　　后天，后天，听着名字，是不是就有种奇怪之感。没错，就是那"明天、后天"的后天。不仅如此，而且她还是一名货真价实的学霸。

　　每当有不懂的问题时，嘿，去请教她，保准能帮你解出答案来，并耐心教导你直至你会。听听："这道题你可以先设××为×，这样你就可以推导出××为……"她细致讲解，一脸专注认真，还时不时推两下眼镜。那真是一口流利顺畅。令身旁的同学无比崇拜。题不会做不再成问题。

　　她自己也打趣道：后天牌点读机，就是好用；我真是天才……无论同学们聊什么，她都能接上话，其乐融融。貌似天文地理，上下五千年什么的，她都知道。成绩嘛，更不用说了，在全年级数一数二的。无数人被她折服，想看一看她的真容。

　　看到这儿，若你认为她就是一位书呆子类型学霸。那你就大错特错了，她也是一个爱搞笑的家伙，时不时地就用她那"后氏"笑话打趣，活跃气氛，或者是吹牛。逗得我们哈哈大笑。

她就是这么一个人物。后天！这个人物有点牛！此人的电脑持续升级中，主人也请加油升级！

好一个"侠骨柔情"的组长

翁寿帆

"刘逸飞！你在干什么？！"一阵怒喝伴随着刘逸飞的哀嚎声，我无奈地回了头，只见一个高个子女生，蘑菇头，双手叉腰站在那儿，她眉头紧锁，满脸怒气。一旁的刘逸飞，连连乞求"饶命"。

我身旁的胡剑轩忍不住发话："刘逸飞，你真不识好歹！居然敢惹钟大组长，哎！钟组长你也是，刚才就像……就像夏王桀一样……"话还没说完，不用想，就已知道，结果当然遭到钟组长的一顿"暴打"。我看见了她眼里冒出的火花。唉，已数不清这是小组内的第几次"战争"了，我只好远远地避开，在一旁观战。

但是女侠一样的组长，也有柔情的一面。不信，请随我来看看。

"钟雯婕，这题怎么做？"有一同学问她题，她立马收了打人的架势，笑着转过头去帮同学解决难题，这大概也是竞选班长时她的得票数比另外竞选者要高的原因吧！而此时她脸上的表情已经从"狂风暴雨"转成"晴空万里"了。一场"战争"就这样结束了，好像什么都没发生过一样。

钟组长不仅乐于助人，还很有礼貌。见到老师、其他同学的家长，都会甜甜地喊声"老师好""叔叔好""阿姨好"，所以，她到哪里，都惹人喜爱。

组长另一个特点是爱笑，她的笑不同于其他女生莞尔一笑，而是灿烂的笑，她的笑声也会感染周围的人，谁心情不好，和她站在一起，立马心里就是阳光普照，什么心事也没了，也因为这一特点，我和她一见面就知道她是个开朗乐观之人。

我们的钟组长就是与众不同，尽管有时"路见不平一声吼"，但她的乐于助人、有礼貌、爱笑在我们同学的心中印象始终是好的，而正是这样的她也让我越来越佩服。好一个"侠骨柔情"的组长！

我们班的骄傲

陶宇晴

一头乌黑的头发，不算长，整天扎着低马尾，额头前挂着一缕八字刘海。她的皮肤有些黑，长着一张瓜子脸，一双眼睛纯净似碧水，深邃似蓝天，高高的鼻梁上架着一副紫黑相间的眼镜，那红润的嘴唇像两片带露的花瓣。她，就是我的好朋友——程思薇。

程思薇的学习成绩很好，连续两次考试都是全年级第一，平时的小测试也次次是第一。她对自己的要求也很高，偶尔有那么几次小失误没考到满分，都要埋怨自己好一阵子。

她的英语尤其出色。记得刚开学的第三个星期，老师让我们在班队活动课上竞选班干部。毕竟刚开学，大家还有些不好意思，上讲台

演讲的人只有那么几个，轮到我们第三组了，第一个走上讲台的是我的同桌，紧跟其后就是程思薇。她落落大方地走上讲台，没有半点紧张，在众目睽睽之下开始了她的演讲。她的演讲很特殊，不像别人那样寥寥几句话，也不是长篇大论的文章，她的演讲全程都是英文。站在讲台上的她从容自若，颇有一番大将风度。她说得很流畅，一大串一大串的英文单词噼里啪啦像弹珠子一样从她嘴里蹦出来，也不喘口气。我们坐在讲台下面，满脸疑惑，完全是摸不着头脑的丈二和尚，根本听不懂她在说些什么，偶尔还有几个单词勉勉强强听得出。她的英语演讲刚一结束就准备走下讲台，因为我们没听懂，于是她在老师的要求下重新回到讲台，很流畅地翻译了一遍，我们都情不自禁地为她鼓起掌来，对她的敬佩和崇拜从心底油然而生。

当然，她不但学习成绩好，还能弹一手好琴，在体育运动方面也是顶呱呱。

就在上个月的运动会中，她一个人就承担了女子800米和1500米的比赛任务，尽管身体不舒服，还是先后为我们班取得第四名和第三名的骄人成绩。

程思薇，是我的好朋友，更是我们班的骄傲。

话题都去哪儿了

陶　可

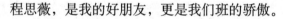

人与人之间的相处，最重要的是交流。而如今，高科技的发展，

一个又一个的聊天软件随之出现，让人们的交流也隔上了"手机"这一道屏障。即使坐在一起，也是没有了交流的话题。

那一天，爸爸妈妈带着我去和他的朋友们吃饭。去之前，我特别开心，因为即将见到我的好朋友了，我心里已攒了很多的话想和她们说。走到餐厅门前，里面静悄悄的。我们来得太早了？进去，一看，便呆了，所有的大人都在低头玩手机，孩子们也围在旁边，没有任何交流。就连那几位往日最喜欢打牌的叔叔们，也低着头玩手机。我围着桌子转了一圈，他们不是在聊天，就是在玩游戏。以前饭桌上欢快融洽的交谈，也被抛到了九霄云外。我们这些孩子好久不见，到了一起没说几句话，很快就散开了，围在大人身边看他们发微信、打游戏。我失望极了，尽管有我爱吃的美食，可是没有了交流话题，聚餐变得索然无味。

在家里，爸爸妈妈也是"低头族"。妈妈接我放学，一回到家，妈妈便玩起了手机；爸爸下班后，也是掏出手机玩。吃饭的时候，这边爸爸在拿着手机看新闻，那边妈妈在捧着"Ipad"看电视。当我想和他们说话时，至少要喊上几遍，他们才能听见，然后有一句没一句地回答着我的问题。不仅我家这样，同学家都是这样。

每当这时，我就会想起《咏雪》中的画面，在那个没有手机的年代，谢太傅一家人围坐在桌前，看着纷纷扬扬的大雪，他和子侄们一起交谈，即兴赋诗。即使在那个寒冷的冬天，他们的心中也从不感到寒冷。大人和孩子们在一起赏雪、吟雪，多么和谐、温馨的画面啊！

可是，这样的画面我只能从书里面看到了。现在，因为手机，爸爸的视力也越来越差，爸爸是个工程师，上班面对电脑，回家面对手机，眼睛每天都滴几遍眼药水；而妈妈也因为手机得了颈椎病。

手机的确吸引人，它让越来越多的人成了"低头族"，也让我们的交流越来越少，心灵越来越远，情谊也越来越淡。

唉！我们的话题都去哪儿了呢？

我们是一家人

古　今

"我们是一家人"，我们常常这样说。没有家庭就没有温暖，家庭是可贵的，我有一个美好的家庭，在这个家里，我们都会互相帮助，互相支持。

那一次，妈妈要烧一样新菜，我们都很期待，妈妈一大早就买了虾子和蒜，要做蒜蓉虾，妈妈买了很多，应该是怕失败了吧！

妈妈开始先把刚买回的虾用剪子去头，剥筋，洗净，沥水，再用刀将蒜头拍碎，剁容，将料酒、葱、耗油、盐、鸡精、味精、生抽、白糖每样少许，放进剁好的蒜蓉里面和好。我充满期待地看着。

不一会豆大的汗珠从妈妈的头上流下来，我赶忙给妈妈擦了擦汗，继续在旁边观望着。妈妈将虾子从刀背破开，一只只地摆在盘子里面，将剁好的蒜蓉舀进破开的虾子上，放进锅里开始烧了，烧了一会，妈妈突然大叫："哎哟！烧煳了。"我也闻到了一股煳味。妈妈只好把它们倒掉，重新做一盘。

大约一小时，一盘蒜蓉虾烧好了，妈妈早已累得不行了，她把蒜蓉虾端上来，让我们品尝她的手艺，我迫不及待地夹了一只虾子，放入嘴里，那好心情一下子没了，太咸了！看着妈妈期待的样子，我只好咽了下去。爸爸打破了沉默，说："这是第一次做，味道不错，下次会做得更好。"妈妈一下子笑了，说："真的吗？那下次我再烧给你们吃？"我知道爸爸说的是假话，刚想道破时，爸爸用眼睛对我眨了眨，制止了我。等妈妈走入厨房忙别的事时，爸爸悄悄地对我说："虽然妈妈烧得不好吃，我们也要支持妈妈呀，她下一次会烧得更好的，我们要相信妈妈，这是善意的谎言。"我听了爸爸的话，赶紧夸赞妈妈，妈妈可开心了。

我们是一家人，我们互相支持、互相鼓励，这样才是一家人！

我 的 一 天

许立阳

126

这天，阳光明媚，是个出去玩耍的好日子。巧了，就在今天，我的舅舅约我出去打篮球，真是太棒了！

早上，我正坐在书桌上写作业，为下午打球做准备。忽然"叮咚"一声——门铃响了！开门一看，原来是舅舅。我连忙说道："舅舅好！你可算来了。""嘻嘻嘻！"老舅笑着，完全没有了往日的严肃。不过，"聪明绝顶"的我猜到事情没有那么简单，果不其然，舅舅发问了："小阳子，作业写好了吗？"哈哈，正如我所料！于是我马上回答道："只剩一张卷子的B部分了"自以为可以马上去打球，怎奈"道高一尺，魔高一丈"。舅舅在得到我的答复后，马上说："嗯，不错，不错。不过你看马上也要吃午饭了，我们先把饭吃了，你再把作业全处理掉，我们再去，好吧！"只见他的笑容里带着些许"威胁"的意思，我只好乖乖答应。

吃完饭后，舅舅便去睡觉了，只留下我一个人在书房里写作业。不一会儿，鼾声顿起，这老舅！"留我在这些作业，自己跑去睡觉。哼！这老舅！不愧是属猪的"我心中愤愤地想着，一边嘀咕着，"打完球再写作业不好得很嘛！非要我现在写……"这时，奶奶端着水果进来了。她递了一个给我，然后自己也拿了一根，边吃边说："你是不知道，你舅舅为了今天和你打球，昨天晚上一直值夜班，而且明天还要去加班，才腾出时间来和你打球。估计现在他睡得像头猪吧！"奶奶说完笑了笑，走出了房门，而我则不再言语，转将注意力放在作业上，写啊写……

终于，到打球的时间了。只见舅舅盛装出席：一身专业的运动服，脚上还有一双"乔丹"牌的篮球鞋。真酷！我和舅舅昂头挺胸地迈向了篮球场……

瞧！篮球场上有两个身影！一个"大男孩儿"和一个小人儿。只见"大男孩儿"一个敏捷的假动作使旁边的小人儿扑了个空，随后投篮。"漂亮！三分球！"小人兴奋地叫了起来。那"大男孩儿"也开心地笑了起来。而那"大男孩儿"就是我舅舅，那"小人儿"，也就是我。只见舅舅又是一个假动作——假装踮起脚来要投球，不过我在吃过一次亏后不上当了，反而反手将球扣下，结果一个不小心扑在了舅舅的身上，我俩一起摔倒在地上。

"哈哈哈，把作业写完了再来打球可真痛快！谢谢你，老舅！"我大声说道。说完便笑了起来。舅舅也开心地笑了……于是，这一大一小两人的身影，在夕阳下显得格外幸福。

在这一天里，一开始我并不想要先写作业再打球，然而在知道舅舅的事后，我改变了。其实，我们无论做任何事都一样，都要先将本分的事情做好，随后再去痛快地放松。这样不仅可以调节身心，劳逸结合，还能使自己的学习效率提高。我以后也要这么做！

这就是我的一天，平常却又不乏味的一天。

清晨的第一缕阳光

　　清晨的阳光，透过层层云彩，斜斜地照射着大地，也照亮了我们前进的道路。晨曦徐徐拉开了帷幕，带着清新降临人间。又是一个绚丽多彩的早晨，新的一天，新的起点，请放飞你心中执着的梦想。

我想说声谢谢你

陶智仁

　　父母是我们的良师，他们给予了我生命，给了我一双发现世界的眼睛。我爸就是这样一位良师。

　　八点有个吉他课，但是睡不着的我六点多就醒了，只听见爷爷在做早饭，家里安安静静的。尽管天有点凉了，我还是决心起床。对了，今天晨读内容是什么？起来这么早不晨读干吗呢？我去敲爸爸房间的门，爷爷见了说："你爸爸今天不在家，一大早去合肥接你妈了。今天的晨读内容你爸爸已经和我说了。"哦，这样啊！老爸也是够用心的。

　　吉他课后，我回家快速把作业写完，立刻抱起篮球奔向篮球场，还叫上了几个关系好的小伙伴。打了好一会儿，我在一次上篮时一不小心把脚扭了一下，立马摔在了地上。天色渐渐暗了下来，我忍着剧痛爬了起来，单脚跳着骑上了自行车，慢慢地蹬了回去。爸爸早已经回来了，早上没睡好，这时正躺在床上呢。我叫了一声"爸爸，我脚扭了。"爸爸听到了，立马从床上爬起来。眼睛还没睁开，头发乱得像鸡窝似的，急切地说："没事吧，脚伤哪儿了，怎么伤的……"说话间，他已端来一盆冷水，让我把脚在里面泡一会儿，擦干了，小心翼翼地给我穿上了袜子。把我扶上车后，踩起油门就走。我还没缓过

神，老爸就把我带进了一家诊所给医生看了一下，开了点儿药。这时已经是下午了，不知什么时候，外面下起了倾盆大雨。我还没吃午饭，爷爷下午去乡下了。爸爸说去帮我买点儿吃的，外面的雨越下越大了，他正在找雨伞，把柜子翻得一团糟，连伞的影子也没见着。他一头恼火地把门一关，淋着雨出去了。过了一会儿，他回来了，只见全身湿淋淋的，手里拿着热腾腾的包子，头上不知道是雨还是汗，笑眯眯地对我说："趁热吃了，别凉了。"说完，他去洗澡了。我吃着热腾腾的包子，鼻子酸酸的。

第二天，早上起来，发现我的脚不疼了，走几步，跳几下，我真的好了！

亲爱的爸爸，我想说谢谢您！感谢您对我的爱与陪伴，谢谢您！

有您的陪伴，真好

沙玉良

她在办公室里，用温柔的话语指出错误；她在课堂上，用甜美的声音朗读课文；她在运动场上，用激昂的话语鼓励运动员……她是谁呢？她就是——鲁老师！

鲁老师是我们的班主任，在学校比爸爸妈妈都还累，不仅要批改作业，还要像侦探一样，来偷偷观察我们的"言行举止"，在班上乱得不堪时候突然出来，我们看到她，一个个都像做了贼一样，立刻灰溜溜地回到座位上看书写字。她总是带着"千里眼"来观察我们的课堂表现，如果哪个"幸运儿"被抓了，老师并不会严厉地批评，而是用温和的声音和他谈心。我就有过这样的经历，我是个调皮的男孩，上课时总爱动来动去，很多同学都不喜欢和我坐在一起。鲁老师知道了，她把我叫到办公室里，笑着对我说："你是个聪明的男孩，老师知道你就是管不住自己，其实你也想改。老师帮你慢慢改，好吗？"看着老师期待的目光，我不好意思地低下头，从此，我改掉了坏毛病，成绩也有了明显的进步。

她还是我的语文老师。她在语文课堂上总是特别精神，总表现出最好的一面——温柔和蔼，让同学有最好的状态去学习，去与老师的节奏同步，去与老师的思想同步，去与老师畅游书的海洋！每一节语文课都给我们带来了快乐，让我学透每一遍课文，让我们在考场上发挥所有实力！在课堂上我们就像一对无话不谈的好朋友，去谈论诗中的历史，词中的韵味……在她的引导下，语文课真的好有趣！鲁老师的课让我感到很有趣，让我感受到了快乐，让我黯淡的语文重燃了"复活"的希望。

在运动会上，我敢说我们的老师是最好的，是最关心我们的。还记得上一次，跑八百时两个人受伤，老师特别难过。这一次运动会，老师对我们说："宁愿不要名次，也要同学们的安全。"有同学们跑步比赛时，她都跟同学们一起跑，边跑加油；有时同学们比赛失败了，她也不抱怨，而是抱以鼓励和温柔的微笑。我们班的每场比赛她都在场，每场比赛都和同学一起看过，她一天走的路，可能比运动员还多……她是我们班最好的后勤。

老师，我们有时可能没有做到最好，但我们会努力改正。老师，鲁老师，你是我最好的老师，最棒的朋友，最好的"母亲"，有您这样的好老师陪伴，真好！

师爱伴随我成长

詹倩云

　　春蚕到死丝方尽，蜡炬成灰泪始干。我的老师，您是多么伟大啊！您用那温暖如春的师爱呵护着我，我又怎能忘记呢？是的，我永远都不会忘记。师爱啊，它伴随我成长！

　　在我第一天背起书包，得意洋洋地走进校门时，我的启蒙老师就让爱的光明照在了我的身上，打开了我智慧和情感的大门。她帮助我学习到了许多知识。依稀记得，我第一次学习拼音，我发音还不错，可有一个问题难倒了我，我分不清楚"b"和"d"，把"b"读成"d"，把"d"读成"b"。老师发现问题后，赶紧为我区分开，但我一开始没有开窍，可老师却不厌其烦地指导我，直到我弄懂，会区分它们为止。你说，我怎会忘记老师呢？忘记她的谆谆教导呢？

　　我上五年级时，我那个班突然换了一位老师，我对离开我们的老师非常思念，因为她是我的启蒙老师。新老师来了，我对她那张陌生又严肃的面孔感到惧怕，前一个星期都没交流过。后来，老师和我们渐渐熟悉了。我心想：这位老师也不可怕呀！清晰地记得，那天是星期一，我们进行了测试，我考得不太理想，被喊去了办公室。老师愁眉苦脸地说："是不是我上课上得不好，你听不懂，还是换了一位老师，你不适应？"我低着头，一言不发。老师见我很伤心，于是语

133

重心长地说：“老师现在给你讲解一下这道题吧！”于是，老师为我细心讲解起来，讲完后又出了一道题让我做，我做出来后他才叹了一声，拍拍我的肩膀，让我好好努力。我回过头，流下一行热泪，这位新老师真负责，真认真，这不就是伟大、温暖人心的师爱吗？我一定要好好学习，不让她失望。我心里默念着。

师爱是无私的，师爱是伟大的，师爱是温暖的。感谢师爱，它伴随我成长。

爱在心间流淌

许永辉

134

人们常说：“父爱如山，母爱似海。”在我心里，班主任王老师对我的爱虽然和父母的爱不同，但却同样那么深沉、博大，令我感动不已。

我常常会想起刚入学时的情景。那时的我，不但顽皮，而且爱撒谎。为此，我没少受父母批评。直到现在，我还清晰地记得，我曾把同学鲁然的满分试卷改成自己的名字拿回家；我偷偷在班级综合评比栏中，给自己贴上许多小星星……每天去办公室向老师您告我状的要以“群”来计数。尽管如此，您从不严厉批评我，每次都是耐心地教育我。“许永辉，老师相信你一定会改掉缺点，做一个诚实的好孩子。加油！”王老师说过的这句话至今仍深深印在我的心上。在您N次耐心教育下，我最终改掉了撒谎的缺点。

此后，年幼无知的我似乎一下子懂事了许多。我渐渐改掉了往日的顽劣，爱上了学习。课堂上，迎着您鼓励的目光，我会勇敢地举起自己的小手。每当我声音响亮地读完课文或回答出问题，您总给予我热情的赞扬；每当我考试取得好成绩，您脸上总洋溢着欣慰的笑容。望着老师，我觉得您就像妈妈一样亲切。在您温暖的怀抱中，我快乐、幸福地成长……

时光飞逝，一转眼，我已是五年级的学生了。上个学期的一天，那天天气不太好。我发现您上课时声音有些嘶哑，还不时用手揉捏脖后颈。后来，我才知道，因为多年辛勤的工作，您患了职业病——咽喉炎和颈椎病。每次看到您带病给我们上课，我心里难受极了。我一直想为您做点什么。

一天，我从课外书上了解到，喝蜜糖水对咽喉炎有疗效；睡觉时枕黄豆枕头，对缓解颈椎病有帮助。我就像发现了新大陆，别提有多兴奋了！因为我奶奶家在乡下，那儿有人养蜂，我可以去那儿买到货真价实的蜂蜜。于是，我省下零花钱，利用周末做家务获得报酬，取得好成绩得到奖励……就这样，我积攒了一个多月，终于攒了二十几元钱。

一个周末，我跟爸爸说想回乡下老家看望奶奶，爸爸高兴地带我去了。一到奶奶家，我第一件事就是去买两瓶正宗的蜂蜜，又缠着奶奶要她教我怎样缝枕头。我先找来一块长方形的布，奶奶手把手地教我缝布袋。好几次，针刺到了我的手指，血都渗出来了，好疼。奶奶心疼地把我手指塞进嘴里吮个不停。可一想到您，我便忘记了疼痛，又用心缝起来……整整一个下午，我终于把黄豆枕头缝好了。

第二天，我抱着蜂蜜和枕头来到办公室。您正埋着头在那儿改作业。我悄悄走到您身边，"老师……"您抬起头，看到我抱着的蜂蜜和枕头，您怔了一下，随即把我紧紧地搂在怀里……

那一刻，爱在我们的心间流淌……

清晨的第一缕阳光

墨香之旅

赖钰涵

书法，无言的诗，无行的舞，无图的画，无声的乐。

——题记

浸在墨水的清香中，我开始了一段主角是我的墨香之旅……

从二年级时，我被送进了书法班。当时什么都不懂的我万万也想不到书法竟与我有这样的渊源，而且还能坚持到现在。刚开始，我是由中楷入门，用小小的手抓住一根粗大的笔，真是新奇！我用力拿笔蘸了蘸墨水，墨滴了下来，滴在我的胳膊上，又抹在了脸上……一节课过后，着实成了一只"小花猫"，在笑声中，我的字开始在不知不觉中进步。就这样，我带着欢乐的心情开始了书法之旅。

漫步在颜真卿的《颜勤礼碑》中，我仿佛走进了那个时代，仿佛看见小时候贫苦的颜真卿因没钱买纸而在墙上写字，感受到他对书法的由衷热爱，真是让人感到无比地敬佩。颜体大概是中国方块字的象征了，"横平竖直"都体现在它的身上，显得规规矩矩。若能写得一手好的颜体楷书，那应该也算得上是个君子了。

当我历经三年的打磨后，颜体字似乎不像从前那般让人敬而远之，反而显得更加亲密，就像是关系最好的朋友，相互间总有说不完的话。

五年级的那堂书法课，我正同我的"益友"谈着心，忽然间就被老师的一句话乱了分寸："你想试试隶书吗？"我瞪大了眼睛，心里有些复杂：有期盼，有不舍，更多的是那种无法言喻的感觉。最终，我认真地点了点头。那么，就挑战一下吧！

我接触的是后期的隶书：西汉初期的《曹全碑》。仔细观察、思考，它的长横的特点是最典型的"蚕头燕尾"了，字形由小篆的圆变成方，由曲为直。厚重的笔划，气势磅礴中却隐隐藏着秀气，为后来唐朝的楷书打下了夯实的基础。练着练着一个个字形各异的隶体字，读着曹全所记载的内容，黄巾起义、郭家起义的场景又回荡在我的脑海中。字帖上，每个字都独树一帜，华丽秀美，还真有一副"回眸一笑百媚生"之态呢！

还真是让人开心，在我手中原本还有些飘逸的字经过练习也与字帖有了些相像。对隶书，总有一些与楷书感觉不同的地方。如果说楷书是一个娇弱漂亮的女子，那隶书就是一位文武双全的君子；如果说楷书是迎春盛开的牡丹，那隶书就是冬日立在枝头的梅花。

137

随着时间的消逝，我接触隶书已近一年，接触书法的时间就更是长了，从楷书到隶书，我总是会抽时间练习。现在的娱乐方式有太多太多，而我最爱的，总是在一个宁静的下午，闻着陪伴我已久的墨水香味，笔与纸摩擦着，就这样待一下午，也是很幸福的事吧？

我知道，我的墨香之旅还在继续，也许还有一年、两年，或是永远。我望着远方，陷入了遐想：或许，这就是我想要的宁静致远吧……

谢谢你，毛笔

陶雨洁

我曾有个梦，梦里有颜真卿的雄浑敦厚，王羲之的潇洒飘逸，柳公权的苍劲有力……从此，我选择了书法。

当稚嫩的小手第一次抓起毛笔，我的心为之一振。它的厚重，让我的心也变得平静，朴素的外表，竹制的身躯，上面刻着一排苍劲有力的小字——梦笔生花，我不可救药地爱上了它。

我喜欢毛笔的沉静之美。它的毫端，由上而下，由粗至细，柔软细腻，而又富有弹性，手握笔杆，用适当的力量运转它，只见它那尖锐的笔尖在洁白的宣纸上游走，横竖撇捺，却从不改变它的形状，总是在提按顿挫之后又恢复本来的沉静；好似一个张弛有度的人，在尽展才能之后又静下心来。曾经的我，总做不到如此，属于典型的"多动症"儿童，往往在疯玩之后还心不在焉，当我拿起毛笔，总是能立刻静下心来，全身心地投入到习字中去，渐渐地，也就不只是习字中了，做任何事都很沉静，疯玩之后也能将心收回。记得曾有一位同桌上课时使劲地拍打我，我却能双目紧锁老师眼睛，半寸也不移动，任凭她怎样做，我自岿然不动。后来曾有一位同学在作文中写到我，说我"身处乱世而不惊"，现在想来，是毛笔授之于我的。

我敬畏毛笔的厚重之风。现在的人们只图便捷，发明了各式各样

138

的签字笔，却忘了那曾与我们的祖先朝夕相伴几千年的毛笔。相较于签字笔，我爱手执毛笔的这份厚重，写起字来不轻飘，提笔有神，落笔有锋，仿佛在宣纸上演奏着一曲无声的音乐，表演着一场有情的舞蹈。每每我的心被世俗所惑，变得轻浮起来，做事也浮躁起来，一拿起毛笔，只写一字，我就能深切地感受它那厚重之风，使我能坚定那一颗略有动摇的心，更真实地触碰我笔下的世界，一步一脚印踏实前进，跑向我的梦想，追逐我的未来。

我欣赏毛笔的谦恭之德。毛笔情愿让乌黑的墨沾染它洁白的毛，因为它知道，世上的一切事物都是相互依存的，墨能让它书写自己的人生，发挥自己的价值。尤其是蘸墨时，只沾笔尖是不行的，那样最多写一两个笔画就写不出了。只有放下自己，饱蘸浓墨，使其渗进起笔肚，才能行如流水，写出来的字才会圆润饱满。我从毛笔身上明白，谦恭，就要注重内在的积累，既要肚中有"墨"，又要及时发现自己的才识不足，主动补"墨"，虚心请教他人，不"独学"，要与众人一起，相辅相成，取长补短，多一些谦恭，少一点儿傲慢，虚心为人，潜心做事。

与毛笔相伴将近五年了，毛笔于我已非写字工具，而是一位引我前行的良师，伴我学习，催我进取！它告诉我，追梦没有终点，奋斗不能止步，踏实，努力，虚心，方能向着成功的彼岸迈进！

抬头，我的梦，就在前方；低头，我的毛笔，它永远陪着我。谢谢你，毛笔！

点画之间

古 今

　　说到中国文化，必然少不了书法。它是一门古老的艺术，是中国的国粹，更是一种美丽的化身。从甲骨文，金文演变成大篆，小篆、隶书、草书、楷书、行书，点画之间，都散发着无尽的魅力。

　　书法，笔、墨、纸、砚四样俱全，不同的字体，特征各不相同，我喜欢楷书中的欧体，它不像小篆一样瘦劲挺拔，也不像草书一样龙飞凤舞，而是形体方正，笔画平直。

　　我练书法全都因为爸爸。一开始，我看见爸爸在练书法，一笔一画，一横一竖写得很到位，不一会儿，就写出了一张方方正正的字，字里行间都让我感受到了书法的乐趣，让我产生了浓厚的兴趣。于是，我也学着爸爸的样子写字，把毛笔拿起，蘸些墨水，一不小心蘸多了，拿起时，在纸上滴了很大一块墨水，没办法，只好继续写，可是，字写得歪歪扭扭，一边粗一边细，一边大，一边小，写完一张后，顿时信心全无。我看看自己写的，又望望爸爸写的，这还是字吗？那块黑墨水，就像石头一样压在我的心上，如果把这张字挂在客厅的墙上，人家准以为这是哪个小孩在乱涂鸦呢！

　　我越写越没有信心，越写越烦恼，终于，捺不住性子，把毛笔丢下，爸爸见了，走过来教我。原来，写好书法并不光是长时间的练习，更要讲究如何运笔。爸爸从执笔开始，教我怎样弯，怎样折，怎样起笔，怎样收笔，运笔不对，字不会写好。欧体的横尤其讲究，起笔要粗，显得厚重，中间渐行渐细，突出灵动感，最后往回一收，横才算写好。欧体的捺，起笔要轻，然后起来越重，收笔时要慢点儿，然后一摁……知道这些基本要领后，我又开始继续练习，练了几张后，发现字比第一张要好看多了，和爸爸写得越来越像了，我开心极了，信心满满，认为自己一定会写好毛笔字的。我练了一张又一张，信心也一点一点地增加。时光一天一天流去，我的毛笔字也变得越来越好了。

春节来临了，我亲手写了一副对联，那时我对自己的毛笔字充满了自信，虽然过程很漫长，但我终于怀着紧张和期待的心情完成了这副对联，欣赏着自己创作的这件作品，我感到很满足。在点画之间，能看出来坚持和努力。邻居从我家门前走过，还夸我字写得好呢！以后，一有空闲，我就练练毛笔字，并把自己觉得满意的张贴在墙上。每当看见墙上自己写的毛笔字时，我就感到满足和自豪！

不经历风雨，怎么见彩虹，没有人能随随便便成功。通过练书法，我明白了：也许做一件事情的过程是痛苦的，但只要坚持不懈，就能成功！

书法是中国文化必不可少的部分。博大精深，源远流长，这就是书法，在点画之间流露出独特气息。书法，已经成为我生活的一部分，我爱书法，也爱中国文化！让我们一起，把中国文化传承下去吧！

清晨的第一缕阳光

我与书法

马云龙

我是从小学三年级接触书法的。当时，妈妈听什么人讲以后高考要考书法一类的话才把我送进芜湖县孝林书法培训中心。我见到了我的毛笔字老师，他姓何，个子较高，一头蓬乱的头发，手上有一串珠子，皮肤黝黑。

刚开始学书法时，何老师只是先教我们写笔画，并没有直接上来就写字。他还说："笔画是组成字的基本单位，没有笔画，何来汉字？"我相信老师所说的一切，每天都是以好奇的心态去练习书法。每到周末，我会更努力地练习，交上去的作业也被老师点评、批改和修正。一天，老师说："通过这几天的努力，马云龙的进步是最大的。"我听了这话，大吃一惊，心里甜丝丝的，像吃了蜜似的。我有点骄傲了，开始放松对自己的要求。

到了五年级的时候，随着学习压力的加大，作业量较三年级时也多了，我有时都没有多少时间来练习书法。上课时要么写了没带，要么根本没写。老师的作业也不能按时上交，交作业时的尴尬我一而再再而三的尝到，真不是滋味。老师看我连续几天都未能上交，就当着全班同学的面说："马云龙，如果再不交作业，就给我收拾走人。"说完，全班十三双眼睛全都朝我看来。我想，如果当时地上有个洞，我一定钻进去。那种尴尬我真的受不了了，我准备放弃书法艺术。每次写字都抱着糊任务的态度，根本不用心写，上课也不认真听讲了，回家也不仔细看帖练习了。字一天比一天差，有时是全班最差的。这样的字我自己也看不上眼。

老师见我这状态，就用下课的时间找我谈话。老师对我说："马云龙。这世界上没有哪一个书法家不看帖、不练字就把字练好的，他们都是花了大半辈子的时间才有了这样的成就。话说回来，你也要多加练习、多看帖，提高眼力，这样经过一段时间的努力，你会越练越好，字也会有很大的提高。看见墙上贴着'堂堂正正做人，规规矩矩写字'这十二个字吗？只有规规矩矩写字，才能堂堂正正做人。"何老师的一席话，让我感受颇深。是啊！要写好字只有规规矩矩，勤加练习，才能写好。

"听君一席话，胜读十年书。"老师的话如同兴奋剂，让我充满了能量，继续前行。在老师的严格要求下，我参加了学校书画比赛，获得了三等奖。虽然这个奖很小，但它却见证着我学书法的过程。

此后，我遇到困难时，都会轻松应对，因为我总回想起练习书法那一课。于是便能用沉着冷静的心态去面对它，并知难而上，因为我懂得"失败是成功之母"。

家乡的吆喝

张 羽

读了萧乾的散文《吆喝》，不禁被老北京的吆喝声深深地吸引，也唤起了我对家乡的吆喝声的关注。

小时候，住在小院子的我，总能听到这样的声音，多得我都学得像模像样的了，"旧手机，废手机，专收长头发，剪长辫子。"较之老北京的吆喝声，总是少了点什么，我想，那是因为电子喇叭喊出的声音，少了点温度吧？

给我留下深刻印象的自然是这两种声音，"卖——粑粑啊——""卖——粽子哎——"，这声音悠远，绵长，带有江南女人特有的软糯。这是记忆中最美好的声音，每每听到，我都会在桌上的储存罐里掏出几枚硬币，猴急地奔向外面。卖粑粑粽子的通常是四十来岁的女人，手臂上挽着一个竹篮，竹篮上面搭块白毛巾，看上去特别干净。她笑吟吟递给我一个热乎乎的三角粽或一个芝麻馅的粑粑，那一刻，我便满足了。

稍长大些，上街总能听到一个电动三轮车上的人扯着嗓子喊，声音忽高忽低，腔调也变化不断："北方大馍——老面馒头——"那是粗犷厚实的声音，那是北方大馍孕育出的声音。

一到冬天，小区内总有一位老奶奶吆喝着，"卖——甜酒

喂——"她做的甜酒香醇甜美，易消化，是我吃过最好的。酒酿元宵更是久吃不厌。

"磨剪子嘞——戗菜刀。"这是父辈记忆中的吆喝声。在如今喧嚣的浮世之中，我有幸见过磨刀人，他扛着一个长板凳，带了几根破布条，一个瓷碗和磨刀必不可少的磨刀石，一路走一路打板吆喝："磨剪子嘞——戗菜刀。"那声音好像从潮湿的深巷中传来，有点戏曲中念白的味道。我还见过磨的全过程，将扛在肩头的板凳放下，将磨刀石摆在上面，将碗盛些清水，均匀地洒在磨刀石上，就开始磨，刀口随着"刺啦，刺啦"的声音渐渐变薄，磨刀人总会用手横向在刀口刮一下看是否磨锋利了。剪刀磨好后还用带上的布条检验一下。现如今，机械已渐渐代替了手工技艺，磨刀人也难觅踪影，磨刀石变成了冰冷的磨光机，刀与机器接触发出刺耳的"嗞——"声，让人不禁皱起眉头。

如今，家乡越来越繁华，可是原汁原味的吆喝声已很难听到，街上的店铺里大音箱天天喊着大减价，走街串巷的买卖人都用上了电动小喇叭，我开始怀念起儿时听到的吆喝声了。

春天的味道

陈梓萌

春天的景象是生机勃勃的，春天的气候是温暖湿润的，春天的味道是独一无二的。春天是万物复苏的季节，春天的味道，也让人垂涎三尺。

　　春天，万物都充满了生机，树木争先恐后地抽出了新芽。有一种树的芽不仅长相奇特，还可以食用，那就是香椿树的嫩芽了，人们形象地叫香椿树的嫩芽为香椿头。香椿头看上去不起眼，但却含有极其丰富的营养。每年谷雨前后，香椿头便出现在大大小小的餐桌上。

　　香椿叶厚芽嫩，绿叶红边，像翡翠里嵌了一块玛瑙。香椿头没有烧制前看似平淡无奇，只要用开水一过，顿时一阵芳香扑鼻而来，这便是春天特有的味道。最简单也最能突出香椿头本味的做法就是香椿头炒鸡蛋了。

　　先将水烧开，将香椿头倒入沸水中焯一分钟，然后浸入冷水中，随即捞出来，切成碎末。再将鸡蛋加盐打散后倒入加热的油锅中，将切好的香椿头撒在鸡蛋上开始翻炒，直到鸡蛋炒至两面焦黄，这时浓郁的香气扑鼻而来，让人迫不及待想品尝一口春天的味道。

　　春天除了香椿的芳香，还有许许多多的味道。夹岸桃花燕子飞，一江春水鳜鱼肥。充满生机的春天让鳜鱼悠闲地生长，也让鳜鱼肉质鲜嫩肥美。将鲜活的鳜鱼去除内脏洗净，肚内塞上姜蒜，再将盐、料酒撒在鱼身上，放在沸腾的蒸锅中蒸至一刻钟，开锅后撒上葱段，淋上味极鲜酱油，白嫩的肉质，翠绿的葱段，又是一种独特的春天的味道。

　　春天是一场美食盛宴。春天的味道是平淡的，却也是神奇的。它驻足在唇齿间，停留在舌尖上，留下沁人心脾的芬芳。

酒酿年糕

许海洋

我国有许多悠远而深厚的文化：如建筑文化、饮食文化、礼仪文化和服饰文化等，而我要说的是饮食文化中的一道佳肴——酒酿年糕。

谈起酒，我不禁会想起斗酒诗百篇独赴桃花潭的诗仙李太白，也会想起喝了十八碗酒过景阳冈拳打大虫的武松，还有大闹天宫时偷喝天宫御酒的孙悟空。在我的理解中，酒就是用来抒发人的情感的，让人不受控制地说出自己的心里话的东西。而年糕呢，我们住在鱼米之乡的江南，以大米为主食，而糯米和粳米加工以后便成为我们吃的软绵绵的年糕了。当酒酿碰上年糕，擦出的是一种别样的火花。

我熟悉的便是酒酿年糕的做法了：先把一些冷水倒入锅里，打开液化气灶开始烧。当水烧开的时候，再把切好的一小块一小块的年糕倒进沸水里去。等年糕在沸水里翻滚变得软绵绵的时候，便加入买来的已经酿好的酒酿。几分钟后，一碗热腾腾的酒酿年糕就这样大功告成了，我恨不得马上去吃上一碗啊！

初冬的早晚，屋内寒气逼人。奶奶常常做酒酿年糕给我吃。记得我第一次吃的时候，我很惊讶：天啊，说是酒酿，怎么酒的气息那么淡而薄？入口却是甜甜的，扑鼻而来的是酒的芬芳；这年糕咬上一口，真是有一种入口即化的感觉。那一碗酒酿年糕冒着热气，碗里的酒酿醇厚如丝滑酸奶，米粒晶莹似粒粒珍珠，乳白的年糕热乎乎的，绵软可口。

"孙子，慢点儿吃，慢点儿吃，没有人跟你抢，小心烫了嘴巴。"奶奶连忙招呼我说。"奶奶，你做的酒酿年糕真好吃！"我一边吃着一边对奶奶说。奶奶的脸上露出开心的笑容，这笑容跟这酒酿一样甜。吃完这碗酒酿年糕，温暖和力量立刻弥漫到我的全身，我不再觉得天气是那么的冷。那种意犹未尽的感觉，直到现在一直没有消失过，我还真有点儿羡慕自己呢。从那刻开始，我就喜欢吃奶奶烧的酒酿年糕。

酒酿年糕，它是我童年时光的温暖的回忆，让我感到它的美妙和独特。不仅如此，它也包含了奶奶对我的关爱，使我感到家的温暖。

酒酿年糕，她是先辈生活智慧的伟大结晶，它是中国博大文化平凡的缩影，它是家庭温暖核心传统价值观的传承。

故乡的面饼

沈梦婷

轻柔的晚风划过天空，深沉的夜色豁然被拨开，欢快的步伐落在石阶上，如同跳跃的音符。忽然步伐戛然而止，一阵浓郁的香味缠绕在鼻尖，牵动着味蕾。

我循着香味走入巷子，脚步轻移，而后眼睛便盯住了眼前人的

动作。那是一个老人，一个看上去年逾古稀的老人。他的手伸进一个木盆，抓出一个馒头大小的面团，他用力地将面团往锅里一摔，锅底发出一阵闷响。手中的铲子在面团上划了一圈，面团瞬间扁了下来，老人熟练地舀了一勺海带、一勺粉丝和咸菜，铲子将它们搅得均匀，然后又将它们揉成面团。在锅底刷上一层油，老人打了一个鸡蛋铺在油层之上，火舌忽地蹿起了，油发出滋滋的声音，面团被摆在鸡蛋里边，用锅铲将面团摊成饼的模样，鸡蛋上浇了一层酱料，十分诱人。老人将饼翻了一面铺在鸡蛋上，不一会儿，饼就散发出浓郁的香味，勾得人心痒。

我这才收回视线，走上前买饼的同时，也细细打量着老人。老人年事已高，明眼人都能辨得出。就是年纪这般大，为何不在家享受儿孙绕膝的乐趣？何苦出来劳累。想着我不免有些同情。老人似乎没有察觉我的眼神，他心情很好，眉毛上挑，嘴角微扬，还轻声哼着曲儿，眼里神采飞扬，手上的动作并没有丝毫松懈。一旁有人同老人打招呼，老人欢喜地应了一声，从那人和老人交流中，我明白了老人并非我所想的那般，他摆摊只因他想将日子过得充实，而且当他看见自己的手艺被大家认可后十分满足，这更叫他高兴。他还教了不少徒儿，为的是将这手艺传给他人，瞬间我的内心升起了一丝敬仰。

饼好了，我轻轻咬开，那美食中悠悠清香萦绕味蕾，大快朵颐的冲动涌上心头，每一口都给人无限惊喜，那味道至今想起依然难忘。

我离开故乡六七年了，再未曾尝过那面饼，在外吃的那些饼丝毫不及它半分。想念那一抹幽香，一张面饼，一个老人，更想念那方水土。那故乡的味道才是舌尖上真正的幸福。

我那美丽的家乡

曹 蕾

在我的记忆深处，有这样一幅画面：在碧绿的江水之上，有一叶乌篷小船，向船上望去，有一个女孩儿坐在上面，那就是我 。这是我很小的时候，和外婆，妈妈她们第一次坐船去芜湖的情景。

那时虽说有马路，可比不上现在，那么宽阔那么平坦。加上外婆又晕车，只好坐船喽。一叶小舟在青弋江上荡来荡去，顺着江水而下，慢悠悠地漂向芜湖。这件事给小时候的我留下了不可磨灭的印象。长大后，似乎就再也没有坐过乌篷船了。因为近几年，车多了，马路也在进行"大整容"，我们去芜湖自然也就不用坐船了。

转眼间，随着年龄的增长，我将又一次赶赴那美丽的江城——芜湖。买张票，登上中巴车。不一会儿车子就会行驶在"坎坷"的马路上，不仅如此，车子还不时地学蜗牛蠕动。为什么？当然是因为车多了，但马路却在进行大修整，路变窄了，便形成堵塞。车多，路窄，能不交通堵塞吗？这导致来回要几个小时，那等待的滋味可不太好受！瞧！这是一幅多么奇怪的画面：有时中巴车飞一样奔跑，有时却像蜗牛一般一步步地挪……这是几年前的事了。一年，两年，又是两年过去了。现在，去芜湖可方便多了。走在马路上，拦下一辆出租车，"去芜湖！"随着你的"一声令下"，司机便载着你直奔目的地。瞧一瞧如今的道路，它已经恢复本来面目，从以前的"体无完肤"到今日的焕然一新。不得不感叹变化之大！你也不用再惧怕大堵塞，你要做的只是靠在坐椅上美美地睡一觉，从美梦中走出来，三十多分钟就已经到了芜湖。如果想更快，那更没有问题！快速通道，高速公路，应有尽有！车子行驶在高速路上，沿途的田野，朴素的村舍错落有致的"摆放"在路旁……尽可以欣赏美丽的田园风光；飞驰在快速通道上，路旁新建的楼房，工厂，在温暖的阳光的照耀下显得熠熠生辉。

小船、中巴、出租车，三种交通工具，都记录着家乡发展的历程。家乡的巨大变化被它们一一记录着！尤其是近年来，发展的速度可以用日新月异来形容。坐在飞速行驶的车上，被我们渐渐甩在身后的，是一个才建两三年的广场。三三两两的人们在里面漫步，一旁的花儿摇摆着身躯在向他们招手，挺拔的大树在微风的抚摸下沙沙作响，仿佛在为人们的到来高兴得手舞足蹈，好一幅温馨和谐的画面。转眼间，车子又飞出去了几公里，把我们带到了一个公园。它依傍着东湖而建，所以称之为"东湖公园"。湖边那极具现代感的亭子里，坐着乘凉、聊天的人们，风儿掠过，湖面便泛起层层涟漪。还有鹅卵石铺成的小路，别致而又优雅。路边的嫩草也都静静地注视着这美好一切。可有谁会想到，就是这个美丽的公园，曾是一个杂草丛生的小水潭！然而经过家乡人民的共同努力，一座公园代替了水潭。

我的家乡在发展，谁不说我家乡美？车，在继续前进，展现在眼的则是一幅幅欣欣向荣的画面。车，在奔腾，经济在发展。让我们驾驶前进的汽车，飞驰在发展的道路上！

沉醉烟雨乡村

后轶然

在紧张的节奏中生活久了，难免会想去乡间，欣赏乡下的景色。而烟雨乡村，更好似一幅清新灵动的画卷，让人神往，于是，一个雨后的下午，我来到乡下，打开这幅画卷，体味那别样的情趣。

走在乡间的小路上。雨虽然已经停了，但空气中的水雾仍未消散。尽管小路有点泥泞，但淡淡的泥土香味也在不经意间钻了出来，幽幽地荡漾在空气中。

一边呼吸着新鲜的空气，一边继续前进。突然，一滴水珠落在瓦上，"叮——"的一声脆响，绵延而又悠长。我也被吓了一跳，哦，多么宁静的乡间啊！

不知不觉中，我竟然来到了田边的小路上。两边，是一望无际的稻田，几棵树突兀地闯入视线。我走上前去，细看大树，斑驳的花纹是岁月馈赠的礼物，此时，被雨一洗，更显神秘。饱满的水珠晶莹剔透，从这一片树叶上，滚落到另一片上，绿色的叶片更显得可爱动人，连叶脉的纹路也能细数清楚。树下，小草与小花喝饱了水，正在快速的生长，用手一摸，湿漉漉的，却又格外的柔软。几只蝈蝈在来回地跳动，似乎在享受着这雨后的快乐。清新的泥土气息，混着各种花草的芬芳，让我忘记了繁重的学业，忘记了城市的喧嚣。不禁沉浸在这份惬意中，仿佛置身于人间仙境。几声清脆的鸟鸣不经意间惊醒了我。我继续前行，看见一方水塘，水尤清冽。走到塘边，水位上涨了不少，顺手拿起一块石子，向水面一扔，"啪"像玻璃被打碎了，溅起了点点的水珠，而调皮的石子，则不停地跳着、跳着，直至没了力气，才渐渐地没入水中……

光线渐渐黯淡下来，塘边的几户农家，屋顶上升起了袅袅炊烟，渐渐地，那炊烟飘入昏黄的天空，溶在这无边的暮色里。眺望远方，一切都笼罩在烟雨中，朦朦胧胧看不清楚。

乡间小路上，农民们缓缓地行走着，谈笑着，憧憬着丰收……

暮色渐浓，我依依不舍地合上了这幅画卷，告别了烟雨乡村，踏上了归途……

别了，老屋

许子然

有人说过人生是一个不断得到又失去的过程，原来的我一直不相信，以为这是一种故作忧愁的姿态，但在此刻，当我把行李放上车，即将关上门时，我却不得不信了。

是否得到就一定意味着失去呢？我可以得到一套崭新而漂亮的新房，却将永远失去在这里度过更多岁月的可能；即将搬去的新房的确很完美，但这里的每个角落都有着我对过去的回忆与情感——

墙壁上部干干净净，下半部分却凹凸不平，满是涂鸦。那是我小时候在上面肆意涂画所留下的"罪证"。记得有一次我看墙壁觉得它太脏，就拿起钢丝球擦墙，结果墙是干净了，却抹下了一层石灰粉，墙也因此变得坑坑洼洼。那里还有着一道道整齐的刻痕，旁边用签字笔写着小小的数字，那是我不断长大的印记，在更高处还有一道，是父母对我的期望，我却永远也无法用到它了。

地上铺的只是瓷砖，冰冷坚硬，远不如木地板那样舒适。但这却曾是我快乐的源泉，我经常在屋内玩滑板，一圈一圈地绕，光滑的地面不会发出响声也不会有起伏。我也曾一次次趴在地上，专注地看着蚂蚁们搬家，但这样的快乐永远也无法再有了。新房在五楼，无法回避的高度让我与大地绝缘。

窗外是一个小院子，不大，也不容易晒到太阳，却种满了花草。那棵桂花树是在我出生那年种下的，长得枝繁叶茂，却始终没开过花，今年是它第一次开花，却也是我最后一次看到它开花；那盆山茶是我和父亲在一年植树节冒着大风去花鸟市场搬回来的，现在红花绿叶，开得好不热闹；一小盆仙人球不起眼地缩在其中，浑身长满了硬刺，待在柔软的花卉中，却意外的可爱与和谐……这一株株植物上也都有着时光的印迹，它们随我度过了漫长的岁月，却无法随我老去。

在屋内走着看着，东西早已打包带走，这里也将迎来它的下一任主人。一切都顺理成章，我却仍然对这里恋恋不舍。如果能把记忆也打包带走，那该有多好，心中闪过这样一个念头。

恍然大悟，拿出相机，留下属于我和老屋的最后一个画面。关门前，我从门缝中看见的老屋，犹如镌刻了时光的古旧胶片。我知道照片终将褪色，但至少还有时光会记住。

别了，老屋！

我在这里度过了十年，却终将分别，此刻，我们不得不说再见。

154

醉于冬天

陶 瑞

如果说春是萌芽，夏是奋斗，秋是收获，那么冬就是永恒；如果说春是童谣，夏是舞蹈，秋是油画，那么冬就是韵味悠长的诗篇。吟咏着这首冬之诗，我自己也被深深的陶醉了……

我醉于冬之色。

冬就像一位美丽清纯的天使，她带来了一群雪花姑娘来到人间。白雪像银珠，像雨点，纷纷扬扬地为我们挂起了白茫茫的天幕雪帘，几片鹅毛般六角形的雪花夹在雪沫中飞舞着，然后慢慢躺在湿润的大地上。透过雪帘望去，那远处的房屋，仿佛在雾中，又似在云里。雪停了，世界顿时变得银装素裹。瞧，那灰暗的房檐上，一条条"项链"闪闪发光，那墨绿的松树上，一朵朵"梨花"开得正艳，此可谓：忽如一夜春风来，千树万树梨花开。圆形的花坛里，一朵朵红梅戴着白帽，显得妩媚动人。我被这冬之色深深的陶醉了。我醉于冬之声。

狂风呼啸，松柏依然挺立不倒；雪花飘舞，梅花依旧灿烂开放；冰凌满地，士兵仍旧坚守岗位。我清楚地听见一切都在高声歌唱：不经历一番风雨，怎能见彩虹？我被这冬之声深深地陶醉了。

我醉于冬之味。

太阳出来了，照在身上暖洋洋的。花盆里的腊梅花迎着太阳微笑，清香四溢。家家户户的阳台上、院子里都晒满了被子，趴在被子上享受着太阳的暖意，嗅着太阳的味道，真爽！我被这冬之味深深地陶醉了。

冬真是一首让我陶醉的诗。诗句中点燃着清纯之色，诗句中渗透着坚强之音，诗句中飘溢着浓郁之味。反复吟咏着冬之诗，我被深深地陶醉了……

那一次，我错了

崔方禹

156

每个人都会犯错误，而通过错误，我们会更加成熟。在我的记忆里，就有这样一段刻骨铭心的经历。

那一次，妈妈给我买了一白一黄两只小仓鼠，我给它们分别取名叫小白、黄小妹。我可高兴了，每天早晨起来的第一件事就是给它俩喂食。两只小仓鼠非常活泼，每次一见到我，它们都用圆溜溜的眼睛望着我，好像在对我撒娇。我特别喜欢它们，有时候上课时也会想到它们。每天放学回家一有空就爱带它们玩。

渐渐地，我觉得一个人玩有点儿没意思。一个星期六的下午，我把左邻右舍的小朋友喊出来玩，我想让他们都知道我的两只小仓鼠有多可爱，让他们羡慕一会儿。

我把两只小仓鼠放了出来，可黄小妹不愿意，我猜是想睡懒觉，

就随它去了。活泼的小白一下子就跑出来，一会儿跑到这里，一会儿跑到那儿，眼睛里充满了好奇。几个小伙伴的眼神被小白吸引住了，都目不转睛地看着，还不停地说："小白真可爱，我也要买一只。"我暗地里高兴。他们又纷纷问我在哪里买的仓鼠，我那时简直像个骄傲的公主，慢慢地把地址都告诉了他们。小朋友们走了，我开始把小白收进小屋时，突然发现小白不见了。我心里有一丝不安，立即开始疯狂地找小白。我跑遍了小区周围，直到在一条小巷看见小白躺在地上，一动不动，边上还有一丝鲜血，我怔住了，眼泪顺着脸颊流了下来。

那一次，我错了！我不应该这么炫耀自己的小仓鼠。不然，它也不会失去生命了。

从此，我更加用心地对待黄小妹，再也不把它当作向朋友炫耀的宠物了！

当我听见秋风的飒飒声与火车的鸣笛声融于一体时，便觉得心底最柔的东西为之一动。

157

爱在深秋

张荣琦

依稀记得，谭咏麟曾唱过一首《爱在深秋》。每当我听到那并不熟悉却又优美无比的旋律时，我也会跟着轻轻哼唱"以后，让我倚在深秋，回忆逝去的爱在心头……"谭咏麟在深秋回忆的是爱情，我回忆的是亲情。

幼儿园时，最喜欢火车，爷爷便在我放学后用他粗糙的大手牵住我的细皮嫩肉的小手，拉着我去火车站去看火车。每当一列火车轰隆隆地开过，爷爷都会指给我看："这是绿火车头，是货车，运煤的！"我那时未谙世事，只会兴奋地跳着，叫着，等待着下列火车的到来。

现在记得最清楚的场景，就是银杏树唰啦啦落叶，火车一列列开过，一位白发苍苍的老头儿和一位背着书包乳臭未干的孙儿，呆呆地望着那疾驰而过的火车，世界一片金黄。

时间也似火车般疾驰而过。刹那间，我已经七岁了。也是在我七岁那年，爷爷去世了。我看着一家人呼天抢地，再呆呆地看着那躺在洁白的病床上再也不会动的老人。这时，一阵秋风吹过，一片金黄的银杏树叶飘进窗口，飘进病房，盖在爷爷身上。我突然觉得眼前这位逝去的老人与火车有几分相似。看得见，摸得着，却留不住。也是从那时开始，我相信逝者永生。爷爷就是一列火车，在这个世界这个站台停留了六十几年，然后继续发动，向下一个站台驶去了……

现在，我对秋天的火车格外的敏感。当我听见秋风的飒飒声与火车的鸣笛声融于一体时，便觉得心底最柔的东西为之一动，便慢慢哼起我听得滚瓜烂熟的《爱在深秋》。

秋　忆

柴紫怡

古诗云："洛阳城里见秋风，欲作家书意万重。复恐匆匆说不尽，行人临发又开封。"秋天，树叶凋零，一幅萧条的景象，勾起了多少人的愁思啊！

在秋天无数的落叶中，总有一片树叶里住着我最牵挂的人，而那个人在远方——

三年前的秋天，开学后的第一个星期，周围的一切都显得那么美好，那么恬静。正在认真上课的我被中途叫回了家，一踏进家门，家里弥漫着一种悲伤的氛围，究竟发生了什么？

一个噩耗向我袭来，外公去世了，陪伴了我十年的外公，他走了，永远地走了。这个秋天对于我来说是悲伤的，而悲伤又是不可言喻的。那年的秋天，多少个夜晚，家人在为外公的去世哭泣，外婆的心灵又是怎样的孤寂，对于外婆，没有外公的夜晚变得漫长，没有外公的日子度日如年，可是去了的人终究去了，留给亲人的只有悲伤。往后的秋天，已不让我觉得阳光明媚，柔风扑面了，我反倒发觉阳光有些刺眼，秋风略带刺骨了。我喜欢在秋天去东湖公园，在那里，我仿佛能追寻到外公的影子，东湖公园，是外公生前最喜欢去的地方，外公生病的时候，还说等病好了，要带我和表弟去东湖公园玩，可是，这也永远只能是回忆了。

今年秋天，我和母亲一起去了东湖公园，由于刚下过的一场秋雨，树叶被洗刷得发亮，我坐在湖畔的木椅上，望着远处，一时兴起，我找到了一张白纸，将白纸折成小船，放进湖里，希望他能把我的思念带给外公。望着小船远去，我会心地笑了，外公您放心吧，我会好好的！

金色的秋天，带给我的是思念。秋天的回忆，像黑巧克力一样，入口虽然苦涩，但回味却甘甜。

我多想陪你一起去天涯海角

罗艺阳

亲爱的爷爷，您在天堂还好吗？还记得孙女对你的承诺吗？

两年前，您的身体已经不像从前一样。上楼总是气喘吁吁，就是这样，你还总是喜欢到外面走走，您还期待到外面看一看，来一场说走就走的旅行。但总是没机会。

直到那一天，爸爸在家里翻找东西，在这个柜子里最里面发现了一张车票和一张机票，上面赫然写着"芜湖—南京""南京—海南"。爸爸一下子怔住了，忙找来爷爷："爸，这是怎么回事？"您呵呵地笑了："人老了，不中用了。外面的大千世界，我还想多看一看。""爸，您一个人去那么远，我们不放心。再说您身体也不好，我们没有时间陪您，路上出了什么事，那怎么办？"爷爷您一脸的无奈。"过两年吧。等你身体好了，让你孙女陪你去。"听了爸爸的话，我急忙走过去："爷爷，明天我们一起去天涯海角。今年就算了吧。"爷爷垂下头，好像一个犯了错的小孩儿说："好吧，那明年一定要一起去，你可不能悔约哦。"看见爷爷眼里的失落和期待，我用力地点了点头，心想：明年，一定陪爷爷去天涯海角。

又一年过去了，而我却没有机会了。那一天，天阴沉沉的，等我赶回家时，爷爷已经合上了眼，我跪在床边，摇着您的手大声哭："爷爷，您醒醒！您快醒醒……"您一点儿也没有反应。我泪流满面："爷爷，我没有悔约，你怎么悔约了呢？我们说好一起去天涯海角。"

禁不住我的软磨硬泡，妈妈带我去了天涯海角，我在石头下照了两张照片，回去烧给了您，您看到了吗？

风景很美好，只缺一个您。我多想和您去一起去天涯海角！

161

清晨的第一缕阳光

赵婉娇

"噔！噔！噔！"我和胡昀等一行人急急忙忙地奔向教室。教室了只剩下几个人在那里边值日，边打打闹闹。好在，黑板上的作业还未被擦掉。

今天，老师让我们几个参加作文竞赛的人去搞什么培训，结果，到现在才放我们回来。几个值日生在那里扫地弄得尘土飞扬，害得我们连记作业也记不好，还吸入大量灰尘有损健康。

这时，不知谁说了句："咦！我的同桌帮我把作业记好了。嘿，真不愧为同桌。""我也是，我同桌还帮我整理好了书包哩！"听了他们的话，我突然觉得有一种失落感，"为什么承慧慧不帮我记作业呢？为什么她就不帮我整理书包呢？还害得我在这儿吃灰……"这时，胡昀已经走了，可我的笔呀、书呀、本子呀还零零散散地铺了一桌子，我真是越想越气，看来这时应了一句古话"路遥知马力，日久见人心"。我一直把她看成好朋友，可她却……

我窝了一肚子火，越想越生气，气得我也不知怎么那么不长眼，一下子撞到了电话亭上，疼得我龇牙咧嘴。我将这个又加到对承慧慧的生气上。

回到家，我满腔怒火地开始做作业，"哗"的一声，我将书包里的书全倒在了地板上了。把语文书向桌上一扔，准备开始奋笔疾书。这时，一张纸片飘飘飞飞地从语文书中落下来。咦？这是什么？我好奇地从地板上捡了起来。"语文抄写生字，数学……你的同桌承慧慧"啊！这不就是今天晚上的家庭作业吗？原来承慧慧已经帮我记下了。

这张纸片上的每一个字都像温暖的阳光一样，融化了我那已经恨得结冰的心。那每一个标点，如和煦的春风一样，吹得我心中泛起阵阵涟漪。一股暖流涌进我的心扉，它如那清晨的第一缕阳光，虽不是那么强烈，但足以让你感到温暖。

那纸片犹如清晨的第一缕阳光，而纸片的主人则是阳光的发源地——太阳。她露出的才是第一缕，她还有更多的阳光等待着机会去散发。

会玩，真好

赵和馨

现在的大人们都"嫉玩如仇"，认为一天到晚不停地学习的孩子才是好学生，但我认为会玩其实也很棒。

现在我们刚开学，压力并不是很重。这几天总是秋雨绵绵，课间操自然做不成。很多人都在外面瞎晃悠，甚至有人在池塘边玩水，钓小虾，被老师发现了，免不了被请进办公室，那都是不会玩的做法。

我和我的朋友们课间操最喜欢玩的就是飞花令。一群人围着我的座位，我们每次定一个字为主题，一人说一句古诗，古诗中必须带这个字，一句句古诗从人群中冒出来，我们玩得火热。语文好的同学，通常能坚持一段时间；语文不好的同学，往往刚开局就被淘汰了。最后赢得胜利的总是语文成绩特别优秀的同学，他在众人羡慕的目光中得意地笑了。这个游戏帮我们积累了知识，大家都不亦乐乎。

音乐集合会也是课间一个好选择。我们把班上的才子聚集到一块儿，以一部电视剧或一种风格为主题，唱出和它有关的歌曲，越多越好，徐畅、后尧都是学校的广播员，唱得自然动听；不过也有一些同学五音不全，唱出来的歌如魔音灌耳，但我们仍一起玩。他们唱歌水平日益提高，音乐老师都夸我们班进步大了，每当这时我们总相视一笑。我们心知肚明，这是音乐集合会的功劳。

会玩，真好。这些有趣的课间游戏不仅增长了知识，还密切了我和朋友间的关系。

听写风波

俞承晔

听写，很正常呀！这是老师检查学生学习情况的一种好方法。这种鸡毛蒜皮的小事怎么会荡起传说中的风波？

这还得从几天前那节奇怪的语文课说起。

那天，我的语文老师带着狡黠的笑容踱入教室说："今天听写，复习五分钟！"不对，考试才过，怎么会听写？加上老师那奇怪的笑容，我们没一个动。"不复习是吧，好，那现在开始。"同学们叫苦连天，我暗自高兴：幸亏本人昨晚翻了翻书。

老师开始报了："孙中山"。这个简单，民国大总统，写上去；"毛泽东。"奇怪，我们没历史课呀！不过这个也会，主席嘛！"张某某。"不对，这不是学习委员的名字吗？我抬起头，疑惑地看着老师，老师却依然微笑着看着我们。大家你望望我，我望望你，没一个人动。"今天听写人名。"老师一语道破天机。好吧！只见小胖对我坏坏的笑笑，他知道我对这方面只是傻瓜；副班长也对我坏坏的笑笑，因为在十分钟前我刚把班级姓名表给了她，她可以抄一抄，而我只好倍受煎熬了。我只觉得无奈至极，似乎每个人都在嘲笑我，因为同学的名字我几乎都不会！"俞同学，你为什么不写？"我才惊醒，把张某某的名字写上。"俞承晔！"为什么会是我，只好写上；"盛枫飞！"什么名字，我不禁埋怨起他爸爸妈妈，不过他的名字在值日表上，抄下来；"陶贤昀。"哦！我只会"陶贤"，只好空着……时间一分一秒地流逝，不会写的也越来越多。

老师终于报完了听写，我满头大汗，看着同学们，他们大多数的表情几乎也与我差不了多少，只有几个人骄傲地抬起头，我以前也是那样，唉！改好之后，我只有25分，错了十五个。后面那位同学得了满分，他平时成绩比我差多了，语文一般只有十几分。我的脸全丢光了。

老师终于发话了："这一次的听写方法是我在一个杂志上学的，为的是增进你们的感情，同学们有什么想说的？"

我举手说："我们班只有三十人，我却写错了十五个。身在一个集体，身为一个班长，我却连同学们的名字都不会，我很羞愧，希望大家原谅我。"

最后大家说了很多，我不记得了。只记得在这场风波之后同学们的感情更深了，似乎有说不完的话，有叙不完的情……也就是在这场风波之后，我们记下了每一个同学的名字，也懂了珍惜友情应从记下同学的名字开始……

真感谢那一场风波，虽然它已经风平浪静……